100세 시대
50대의 선택

100세 시대
50대의 선택

펴낸날 | 초판 1쇄 2011년 8월 20일
　　　　 초판 2쇄 2012년 12월 1일

지은이 | 함광남
펴낸이 | 서용순
펴낸곳 | 이지출판

출판등록 | 1997년 9월 10일 제300-2005-156호
주소 | 110-350 서울시 종로구 운니동 65-1 월드오피스텔 903호
대표전화 | 02-743-7661　팩스 | 02-743-7621
이메일 | easybook@paran.com
디자인 | 박현실
마케팅 | 서정순
인　쇄 | 네오프린텍(주)

값 12,000원

ISBN 978-89-92822-76-3　03320

이 도서의 국립중앙도서관 출판시도서목록(CIP)은 e-CIP 홈페이지(http://www.nl.go.kr/cip.php)에서
이용하실 수 있습니다. (CIP 제어번호: 2011003225)

경영의 임상의사
컨설턴트의 인생경영설명서

100세 시대
50대의 선택

함광남 지음

아무 준비 없이 정년을 맞이한다면
그후의 삶은 과연 어떻게 될까?

50대를 먼저 살아온 선배가
들려주는 생생한 라이프 코칭

이지출판

50대, 또 다른 선택을 위하여

50대는 인생에서 가장 화려하게 꽃을 피우는 시기라 할 수 있다. 하는 일, 지위, 명예, 권위, 경제력, 가정, 친구, 취미생활에 이르기까지 정상의 삶을 구가하는 연대이며, 지난 49년 동안 갈고 닦아 온 지혜와 경륜, 능력과 재능이 빛을 발휘하여 화려한 열매를 맺는 때이기 때문이다.

그리고 50대에는 정신적 성숙과 지적 풍요 또한 최고조에 이르게 된다. 그래서 50대가 즐거우면 인생의 80퍼센트는 성공했다고 봐도 틀리지 않는다.

하지만 일건 긱징이 되는 시기이기도 하디. 샐리리맨온 50대가 되면 '정년퇴직'이라는 원치 않는 절벽 앞에 서게 된다. 직장에 따라서 50대 이전에 '명퇴'라는 이름으로 조기퇴진을 하기도 하지만, 어찌 되었든 평생 일해 온 삶의 터전을 자신의 의사와는 상관없이 떠난다는 것은 크나큰 사건이요 시련일 수밖에 없다.

이런 현실에서 아무 준비 없이 정년을 맞이한다면 그 이후의 삶은 과연 어찌 될 것인가. 그래도 아직 반생(半生)이란 긴 세월이 남아 있으니 체념하기에는 너무 이르다.

당신은 지난 세월 수많은 난관을 무릅쓰고 가시밭길을 헤치면서 오늘까지 참 잘 달려왔다. 인생 황금기에 IMF라는 '경제 쓰나미'를 겪으면서 타의에 의한 '강제퇴직'도 경험했을 것이고, 사업에 몰두하다가 '실패'라는 직격탄을 맞기도 했을 것이다. 그리고 한 조직의 구성원으로서, 한 가정의 가장으로서, 또 부모를 모시는 자식으로서 무거운 짐을 지고 험난한 길을 달려왔을 터이다.

하지만 당신은 그 많은 중책을 잘 수행해 왔다. 그 노고에 아낌없는 위로와 갈채를 보낸다. 당신 덕분에 나라 경제가 이만큼 성장, 발전하게 되었고 정치, 경제, 사회, 문화, 예술, 스포츠 등 각 분야에서 눈부신 발전도 이루게 되었다. 그 결과 우리나라의 위상은 세계 10위권의 교역국으로 경제선진국 대열에 진입하게 되었다. 모두 당신이 땀흘려 일해 온 덕분이다.

필자도 지금까지 살아오면서 직장에서 강제퇴직을 당하기도 했고, IMF 때는 뜻하지 않은 일로 온갖 고초를 겪었다. 몰려드는 빚쟁이들, 휴지조각에 불과한 거래 기업들의 부도어음을 바라보면서 직원과 가족들의 생계마저 막막했었지만, 그 어려운 시기를 이겨내고 아직 경영 일선에서 뛰고 있다.

준비 없는 정년퇴직은 재앙에 속할 수도 있다. 우리 주변에서 일어나는 여러 사례들이 그것을 증명하지 않던가.

준비 없는 노후는 외로운 인생으로 살다가 고독한 마침표를 찍게 마련이다. 우리 사회에 큰 비중을 차지하고 있는 50대의 어두운 현실을 애써 외면할 수는 없기에 '준비할 것을 촉구하는 의미에서' 이 글을 쓴 것이다.

문제는 철저한 준비밖에 없다.

그렇다면 무엇을 어떻게 준비해야 할까.

50대는 아직은 젊다. 그러나 서서히 노후를 향해 '연착륙' 해야 할 시기임에 틀림없다. 여기 50대와 60대의 다리를 먼저 건너온 필자가 지나온 날의 경험을 담아 50대의 당신에게 '길안내'를 하고자 한다. 아직은 가 보지 않은 미지의 세계를 달려갈 여러분에게 이 책이 작은 나침반이 되기를 소망해 본다.

이 책이 나오기까지 마음을 써준 이지출판사의 서용순 대표에게 깊이 감사드린다.

2011년 7월

입구정 연구실에서 함 광 남

CONTENTS

50대 샐러리맨의 현실

CHAPTER 1

50대 샐러리맨의 현실

당신의 노하우,
과거의 에피소드인가

만일 당신이 창업하여 어느 정도 성공을 이루었다면 노후에 큰 걱정은 하지 않아도 된다. 하지만 일반 샐러리맨들은 사정이 다르다. 젊어서처럼 강철 같은 건강을 지닌 것도 아니고, 갈수록 마음이 나약해지는 것도 부정할 수 없다. 그렇다고 2,30대처럼 아이디어가 번득이는 것도 아니니 직장에서 두각을 나타내기도 어렵다.

여기서 잠시 공자(孔子)의 연대별 인생 경영 지침을 들여다보자.

그는 "20대까지는 배우고 익히며(學而時習之), 30대에는 인생의 목표를 확고히 세우고(立志), 40대에는 흔들리지 말라(不惑)…"라고 연대별로 이행해야 할 순서를 정해 놓았다.

그런데 이것을 오늘의 상황에 대입해 보면 많이 달라진다. 과거에는 태어나서 30년은 교육과 병역으로, 다음 30년은 취업기간(사업기간-근로소득기간), 나머지 10~20년은 노후로 생각했었다.

이제는 100세 시대를 맞이하여 노후기간이 무려 40년으로 늘어나게 되었다. 그러니까 공자의 인생 경영 지침도 달리 적용되어야 한다.

20대에는 학문과 지식을 연마하는 것에만 그치지 말고 사회에 나와서 사회 적응 실습까지도 미리 충분히 하여야 한다. 또 30대에는 일생의 목표를 세운 후, 더 나아가 그 목표의 실현을 위해 전력투구해야 하며, 그 다음 40대에는 처음에 세운 목표를 향해 흔들림 없이 정진하면서 노후설계도 앞당겨서 서두르지 않으면 안 되게 되었다.

그만큼 과거에 연대별로 해 오던 일을 이제는 시기를 앞당겨서 적용해야 할 상황이 되었는데, 이는 시대 변화에 따라 인생주기에 대한 속도가 그만큼 빨라진 반면 수명은 훨씬 길어졌기 때문이다.

그럼 오늘날 50대를 맞이한 샐러리맨의 현실은 어떠한가.

세상 돌아가는 속도가 빨라지고 세대 간의 격차도 허물어지고 있다. 그러니 앞에서 본 '공자'의 연대별 삶의 순서대로는 살아갈 수 없게 되었다. 요즘은 빠르면 3,40대에 임원이 되는 경우도 많고, 연배로 따지면 50대는 회사나 조직에서 사장(대표)이 될 나이지만, 사장은 고사하고 극심한 경쟁에서 간부가 되기도 쉽지 않다.

어느 조직이든 승진하고 잘나갈 대상과 머지않아 퇴출될 대상은 이미 3,40대부터 정해진다. 게다가 기술 혁신과 디지털화가 몰고온 사회변혁으로 지난날의 경험은 별 소용이 없게 되어 버렸다.

예를 들면, 과거에는 기업이 전국 방방곡곡을 돌며 발품을 팔아 영업을 했지만 이제는 그 방법이 통하지 않는다. 지난날의 노하우나 스킬은 이미 올드 패션이 되고 말았다. 말하자면 업무방식의 진화속도가 너무 빠르게 변하고 있다는 것이다.

결국 50대의 당신이 지난날에 쌓아 온 업무 노하우는 이제 과거의 에피소드로 남게 될 처지가 되고 말았다.

★ 뜻이 있는 사람은 반드시 그 목적을 달성한다. ―범엽(중국 학자)

★ 인생은 석재(石材)다. 여기에 신의 모습을 조각하느냐 악마의 모습을 조각하느냐는 개인의 자유다. ― 스펜서(영국 시인)

★ 각자의 인생은 전쟁이다. 장기간에 걸친 다사다난한 전쟁이다.
― 에픽테토스(그리스 철학자)

100세 쇼크,
장수(長壽) 리스크 시대

　과거에는 '100세'라고 하면 마치 산신령처럼 기이하게 여기곤 했다. 그러나 이제는 충분한 섭생과 의료기술의 발달로 곧 평균수명 100세 시대가 다가오고 있다.

　실제로 고려대(통계학과 박유성 교수팀)가 조사한 것을 보면 올해 만 40세 된 1971년생 남성의 경우 47.3%는 94세까지 살고, 여성의 48.9%는 96세를 넘기는 것으로 나타났다.

　그래서 요즘엔 '50세 청년, 70세 중년, 90세 노인'이라는 말까지 나왔다. 오래 산다는 것은 참으로 좋은 일이다. 그리고 인류의 영원한 소망이기도 하다. '진시황의 불로초' 이야기가 오늘날까지 회자되고 사람마다 오래 살려는 욕망이 끊이지 않는 이유가 바로 '장수에의 소망'에 있지 않은가.

그러나 '준비되지 않은 장수'는 국가적으로나 개인적으로 가난과 고통이라는 무거운 짐을 안겨주는 '재앙'이 될 수도 있다.

1955년생은 이미 56세가 되어 집단퇴직을 시작하였지만, 당신도 55세에 퇴직하여 앞으로 평균수명인 80.9세까지는 25년 이상을 더 살아야 하는데, 이 기간을 소득 없이 산다고 가정하면 그야말로 막막하기 짝이 없는 일이다.

가령 50세에 퇴직하여 100세까지 산다면 무려 50년을 더 살아야 한다. 그토록 긴 세월을 살아가려면 우선 건강과 경제력이 뒷받침되어야만 한다. 이 문제가 해결되지 않는다면 장수는 축복이 아니라 바로 고통의 연속으로 이어지는 재앙일 수밖에 없다.

★ 인생은 왕복 차표를 발행하지 않는다. 한번 여행을 떠나면 다시는 돌아오지 않는다. – 롤랑(프랑스 작가)

★ 우리는 인생이라는 거대한 연극의 열성적인 공연자다.
　– 카로사(독일 작가)

고민하는
베이비붐 세대

1955년에서 1963년 사이에 태어난(48~56세) 베이비붐 세대는 712만
여 명, 전체인구의 14.6%를 차지한다. 평균 1.9명의 자녀를 두고 있
고, 부모 생존율은 61.2%다. 연간 가구 소득액은 4,779만 원, 월평균
지출액은 283만6,000원(부채상환액은 별도)이다. 총자산액은 3억3천만
여 원인데 부채는 3,407만 원이다. 그러니까 순자산은 3억 원 미만이
된다.

그럼 이들은 노후 준비를 어떻게 하고 있을까.

놀랍게도 무려 83.4%가 특별한 준비를 하고 있지 않다고 한다.
그리고 퇴직 후 일자리를 준비하는 사람은 10명 중 1명에 불과하다.
그럼에도 걱정거리는 산더미처럼 안고 있다. 노후 일자리, 생계비,
건강악화, 자녀결혼비용 등이 무거운 걱정이자 짐이다. 이들의 고민
과 의식구조를 통계로 살펴보자.

자료 1 베이비부머 세대 조사 결과

1년 소득 평균 ················· 4,779만 원				**월평균 지출** ··············· 283만6,000원		

자산

부동산	+	금융	+	기타	=	자산 합계
2억7,500만		4499만		1041만		3억3,040만 원

부채 ···················· 3,407만 원
자산에서 부채를 뺀
순자산 ·················· 2억9,633만 원

은퇴 후 생활비 충당 어떻게? (단위 %)

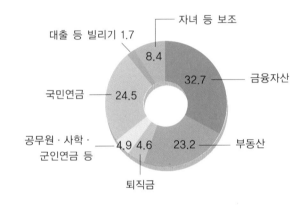

자녀 등 보조
대출 등 빌리기 1.7
8.4
32.7 ── 금융자산
국민연금 ── 24.5
공무원 · 사학 · 4.9 4.6
군인연금 등
23.2 ── 부동산
퇴직금

은퇴 자금 마련을 위한 저축 등 준비는? (단위 %)

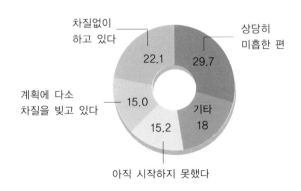

차질없이
하고 있다
22.1
상당히
미흡한 편
29.7
계획에 다소
차질을 빚고 있다
15.0
기타
18
15.2
아직 시작하지 못했다

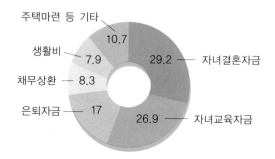

은퇴 후 가장 큰 부담이 되는 것은? (단위 %)

주택마련 등 기타 10.7
생활비 — 7.9
채무상환 — 8.3
은퇴자금 — 17
자녀결혼자금 29.2
자녀교육자금 26.9

* 서울대 베이비부머 패널연구팀이 한국갤럽에 의뢰해 베이비붐 세대 4,674명을 2010년 5~9월 면접조사

베이비붐 세대의 향후 전망과 희망사항은 어떤 것일까?

노후설계에서 소득, 자녀교육과 결혼지원, 종교생활, 취미생활, 자기계발, 자원봉사 등을 염두에 두고 있다. 은퇴 후의 경제생활 수준은 기본생활 유지가 어렵다고 예상한 이가 무려 46.2%나 된다. 이런 부담감 때문에 완전 은퇴시기를 70세 전후(65~74세)로 소망하는 이가 52.7%다.

또 70~74세까지 일하고 싶어 하는 경우도 19.3%나 된다. 이런 결과는 가능한 한 소득을 얻기 위해서 늦게까지 경제활동을 계속하겠다는 의지의 표현이다.

자료 2 베이비붐 세대의 인생설계

은퇴 이후 경제생활 수준 예상 (단위 %)

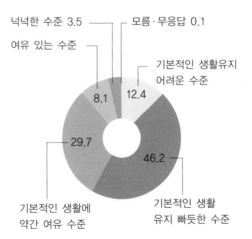

넉넉한 수준 3.5 — 모름·무응답 0.1

여유 있는 수준

기본적인 생활유지
어려운 수준

8.1   12.4

29.7   46.2

기본적인 생활에
약간 여유 수준

기본적인 생활
유지 빠듯한 수준

은퇴 이후 삶의 전망 (단위 %)

여가생활

| 긍정적 65.4 | 부정적 34.6 |

건강

| 62.9 | 37.0 |

부부 가족 관계

| 81.2 | 18.7 |

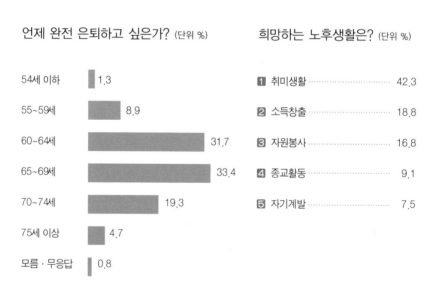

언제 완전 은퇴하고 싶은가? (단위 %)

54세 이하	1.3
55~59세	8.9
60~64세	31.7
65~69세	33.4
70~74세	19.3
75세 이상	4.7
모름 · 무응답	0.8

희망하는 노후생활은? (단위 %)

1 취미생활	42.3
2 소득창출	18.8
3 자원봉사	16.8
4 종교활동	9.1
5 자기계발	7.5

현업 중단 이후의 준비사항, 노후에 가장 걱정되는 것, 일자리 희망이유, 가장 큰 관심사 등은 어떤 것일까?

현업 중단 이후의 준비활동 여부를 묻는 질문에 83.4%가 '특별한 것이 없다'는 답변이 나왔다. 이런 현상은 개인이나 국가적으로도 큰 문제가 아닐 수 없다. 아직도 반평생이 남았는데 특별한 대책이 없다니 말이다.

노후에 가장 큰 걱정은 역시 건강악화(54.7%)와 경제난(31.8%)을 꼽았다. 그리고 가장 큰 관심사는 자녀의 취업과 결혼문제(33.8%), 자녀 교육(25.6%), 본인 건강(18.7%), 생계비 마련(8.8%) 등이었다.

자료 3 베이비부머 의식구조 조사결과

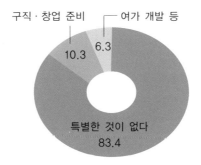

현업 중단 이후 준비 (단위 %)

구직 · 창업 준비

여가 개발 등

10.3

6.3

특별한 것이 없다
83.4

노후에 가장 걱정되는 것 (단위 %)

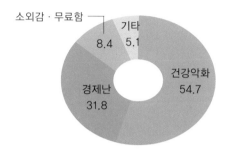

소외감 · 무료함
8.4

기타
5.1

경제난
31.8

건강악화
54.7

노후 일자리 희망 이유 (단위 %)

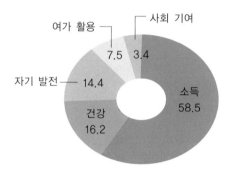

여가 활용
7.5

사회 기여
3.4

자기 발전 — 14.4

건강
16.2

소득
58.5

공적 연금 가입 여부 (단위 %)

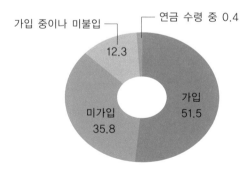

가입 중이나 미불입
12.3

연금 수령 중 0.4

미가입
35.8

가입
51.5

100세 시대, **50대의 선택**

노후 일자리 희망 이유 (단위 %)

희망 63.9
비희망 36.1

가장 큰 관심사 (단위 %)

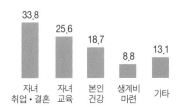

| 33.8 | 25.6 | 18.7 | 8.8 | 13.1 |
| 자녀
취업·결혼 | 자녀
교육 | 본인
건강 | 생계비
마련 | 기타 |

바람직한 장례 방법 (단위 %)

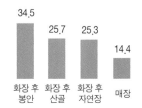

| 34.5 | 25.7 | 25.3 | 14.4 |
| 화장 후
봉안 | 화장 후
산골 | 화장 후
자연장 | 매장 |

* 자료 : 매일경제-보건사회연구원

퇴직과 '끼인 세대'의
노후 공포

부모 부양과 자녀 양육을 동시에 책임져야 하는 '끼인 세대'의 걱정이 날로 늘어가고 있다. 우리나라 베이비붐 세대 712만여 명 중 76%인 541만 명이 향후 10년 내에 퇴직하고, 2018년에는 노인인구가 전체 14% 이상을 차지하는 고령사회로 진입하는데, 일부 베이비붐 세대가 빈곤층으로 전락하는 사회문제가 대두될 것이라는 관측도 있다.

그럼에도 해당자의 83.4%가 은퇴 후의 대책이 없다고 한다. 선진국처럼 각종 연금제도가 정착된 것도 아니고, 국민연금도 머지않아 재정이 고갈될 전망이니 문제가 심각하다. 최근 일본이 65세를 정년으로 추진한다는 소식은 부럽기 짝이 없다.

이런 상황에서 베이비붐 세대의 은퇴 후 필요 생활비는 월 211만 원임에 반해 노후를 위한 저축은 고작 월 17만여 원에 불과하여 앞으로 닥칠 '은퇴 쇼크'가 매우 심각하다. 이들의 79.8%가 부모 중 한

명 이상이 생존해 있고, 미혼자녀를 가진 경우도 93.1%에 달했다.

부모 부양과 자녀 결혼 등을 모두 그들이 책임진 상황이다. 그럼에도 은퇴 이후의 최저생활비를 비롯한 여러 지출을 부담할 준비는 턱없이 부족한 실정이다.

자료 4 숫자로 본 한국 베이비붐 세대

베이비붐 세대는 1955~1963년생

은퇴시점(나이)	62.3
은퇴이후 월평균 순생활비(만원)	211
월평균 저축액(만원)	17
자녀 독립 이후 부부만 남는 기간(년)	19.4
자녀가 취업 미루고 공부하겠다면 도와주겠다(%) 찬성	70.6
반대	9.6

한국 베이비붐 세대의 자산 현황

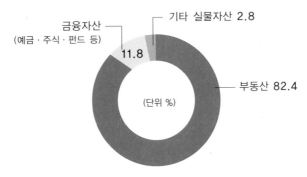

금융자산
(예금 · 주식 · 펀드 등)
11.8

기타 실물자산 2.8

부동산 82.4

(단위 %)

* 자료 : 한국의 베이비부머 연구

미국도 베이비붐 세대의 은퇴가 시작되었다. 그럼 잘사는 나라의 연금제도는 어떤지 스웨덴과 일본, 미국을 비교해 보자.

한국은 수급시기가 60세, 스웨덴은 64세, 일본은 65세, 미국은 66세다. 한국은 20년을 내면 80여만 원(20년이 안 되면 25만 원 내외), 스웨덴은 많이 내고(소득의 절반을 냄) 많이 받는다(232만여 원). 일본은 약 354만 원(25만 엔), 미국은 소득의 7.6%를 내고 월 최대 2,366(283만 원) 달러를 받는다.

우리에겐 부러운 상황이다. 하지만 그 나라들도 고령화 사회로 가면서 수급자가 증가하면 재정파탄이 올까 걱정하기는 마찬가지다. 이 자료를 보면 우리나라가 앞으로 지향해야 할 내용이 보인다.

자료 5 선진 3개국 연금 비교

	한국	스웨덴	일본	미국
수급시기	60세	61~67세 사이(64)	65세	66세
월평균 급여액	- 20년 낸 사람 약 80만 원(전체 2%) - 20년 못 채운 사람 25만 원 내외(98%)	1만3925크로나 (232만 원)	국민연금·후생 연금 등 합쳐 25만 엔 내외 (354만 원)	최대 2366달러 (283만 원)
장 점	소득 들쑥날쑥한 자영업자도 가입 가능	- 국민99% 국가연금 수령 - 국민83% 직업연금도 수령 - 연금 액수 세계 최고	- 65세 이상은 전업주부·외국인 등 누구나 받을 수 있음	- 연금재정 탄탄 - 공무원·전업주부 등 지급 대상 범위가 넓음
단 점	사각지대 많고 급여 수준 낮음	근로소득 50~60%를 세금으로 납부	급격한 고령화로 재정부담	급여 수준 낮음

* 자료 : 한국연금학회, 건국대 김원식, 한신대 배준호, 연세대 김진수 교수

잘나가는
베이비붐 세대도 있다

한편, 잘나가는 베이비붐 세대도 많다. 삼성, 현대 등 국내 주요 대기업 그룹의 임원들을 살펴보면 경영학이나 기계공학, 전자공학, 화학공학, 전기공학, 금속공학 등을 전공하고 대기업에 입사하여 23년 3개월 만에 임원으로 승진했다. 평균나이는 49.4세다.

이들은 1980년대에 대학을 다녔고 1987년 6월 항쟁과 1988년 서울 올림픽이라는 역사적 사건을 겪었으며, 이제는 '기업의 별'이라는 임원으로 승진하였다.

전문분야는 영업을 비롯한 전략, 기획, 생산관리, R&D(연구개발) 등 다양하다. 오늘이 있기까지 본인이 쏟은 열정과 노력이 경쟁에서 승리하게 된 토대가 되었을 것이며, 앞으로도 노력과 능력에 따라 더 상위직급으로 승진하게 될 것이다. 초심을 잃지 말고 계속 정진하기를 빌며 진심으로 축하와 격려를 보낸다.

자료 6 2010년말 승진한 대기업의 임원 평균 나이

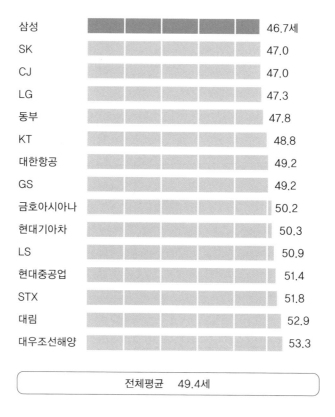

삼성	46.7세
SK	47.0
CJ	47.0
LG	47.3
동부	47.8
KT	48.8
대한항공	49.2
GS	49.2
금호아시아나	50.2
현대기아차	50.3
LS	50.9
현대중공업	51.4
STX	51.8
대림	52.9
대우조선해양	53.3

전체평균   49.4세

* 자료 : 2011. 1. 10 조선일보

베이비붐 세대의
인생역정

    베이비붐 세대의 인생역정을 살펴보자. 이 세대들에게 가장 큰 변화를 가져온 사건은 IMF라는 결과(33.6%)가 나왔다. 당시 30대 중·후반에서 40대 초반이었던 그들은 인생에서 가장 활기찬 시기였으나 IMF의 직격탄을 맞아 직장을 잃거나 사업이 부도나면서 고통의 늪으로 빠져들었다.

    그리고 54%가 시골 읍·면 지역에서 자라나 20세에 도시로 올라와 갖은 고생을 하게 되었고, 1970~80년대 공단 지역의 공돌이, 공순이 문화의 중심에도 이들이 있었다.

    그후 절반 이상이 직장을 옮겼고 사업에 실패하여 택시운전을 하기도 한다. 1980년 광주민주화운동 이후 여러 사건과 변화를 거치면서 안정된 삶을 살지 못한 것도 바로 이 세대다. 그럼에도 "그게 우리 세대의 운명이니 어쩌겠느냐"고 하니 안쓰럽기 짝이 없다.

자료 7 베이비붐 세대 평균적 신상명세와 자산상태

키 : 170.7cm
몸무게 : 69.4kg
초혼연령 : 27.96세

키 : 158.1cm
몸무게 : 57.3kg
초혼연령 : 24.79세

| 학력 | 고졸 50.5% | 대학 이상 17.7 | 중졸 18.0 | 기타 |

| 성장지역 | 읍·면에서 성장 54.2% | 기타 |

| 계층의식 | 중상 9.0% | 중 47.7 | 중하 31.0 | 하 12.1 |

형제 자매	자녀	도시로 이주한 시기	예상수명
5.2명	1.9명	평균 20.2세	80.9세

하루평균근무시간	월평균 생활비	평균자산
9.3시간	283만6000원	2억9633만원

* 자료 : 조선일보-서울대 노화·고령화연구소

한편 이 세대는 맞벌이와 연애결혼시대를 연 세대이기도 하며, 전체의 57%가 맞벌이를 한다. 47.9%가 연애결혼을 하였고, 자녀수는 평균 1.9명이다.

이들의 신상명세와 자산상태를 보자. 전 세대보다는 여러 면에서 향상된 것이 많다. 우선 교육수준이 높아졌으며, 신장과 체중이 발달하였고, 생각하는 면에서도 훨씬 자유분방하다. 이를테면 과거엔 중매결혼이 대부분이었는데 연애결혼 비율(48%)이 크게 증가하였고, 맞벌이 비율(57%)도 대단히 늘어난 것을 볼 수 있다.

자료 8 자신의 삶에 영향을 미친 가장 중요한 사건 (단위 %)

	사건	%
1	1997년 IMF	33.6
2	1980년 광주민주화운동	8.9
3	1979년 10·26사태	6.7
4	1974년 육영수 여사 저격사건	5.7
5	2009년 노무현 대통령 서거	5.6
6	2010년 천안함 사건	4.9
7	1988년 서울올림픽	3.9
8	2002년 한-일 월드컵	1.9
9	1995년 삼풍백화점 붕괴	1.8
10	1987년 6·10 민주항쟁	1.0
	없음	18.3
	기타	7.7

사람은 누구나 삶의 애환을 갖고 살아간다. 지금까지 살아온 과정을 그림으로 그려보면 지난 과거를 한눈에 볼 수가 있다. 세로축은 역경의 깊이, 가로축은 나이로 한다.

필자의 인생 곡선은 아래와 같다.

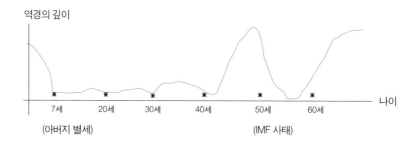

당신의 인생 곡선을 직접 그려보라.

역경의 깊이가 컸을 때의 원인과 그 역경을 이겨낸 당신의 장점을 발견할 수 있다. 앞으로의 삶에서도 계속하여 그 장점을 살려가야 할 것이다.

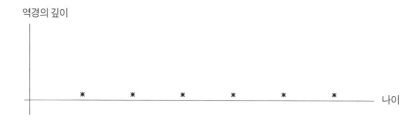

지금 당신은
어디쯤 서 있는가

당신은 지금 어디쯤에 서 있는가. 평평한 아스팔트길인가, 아니면 가파른 오르막길인가. 허심탄회하게 한 번쯤 되돌아보아야 할 것이다. 그래야만 당신이 가야 할 앞으로의 길을 찾아내고 진로를 설계할 수 있을 것이기 때문이다.

만일 당신이 지금까지 직장에서 주전선수로 뛰었다면, 당신은 화려한 50대를 맞이하면서 직장과 사회에서 승승장구할 것이다.

그러나 만에 하나, '벤치 워머(bench warmer, 대기선수)'로 계속 앉아 있었다면 아무래도 남은 인생을 단단히 준비해야 하지 않겠는가.

자가진단을 해 보자. 자신의 현재 상황을 아래 항목에 넣어 점검해 보리.

【점검 항목】

- 회사 입사 후 정기적으로 승진하여 이미 고위간부나
  임원 또는 사장의 위치에 올랐는가.
- 아니면 중간 간부로서 머지않아 정년이 예정된 상태인가.
- 이미 정년퇴직한 상태인가.
- 재정 상태는 어떠한가.
- 정년 이후의 생활에 대한 계획은 세워 놓았는가.
- 남은 인생의 후반을 구체적으로 어떻게 준비하고 있는가.
- 혹시 지금 다니고 있는 직장에서 당신을 인정해 주지
  않고 승진도 안 된다고 불평만 계속하고 있지는 않는가.

CHAPTER 2

인생 밸런시트
(Balance-sheet)를
작성하라

자신을 인벤토리(Inventory)하라
당신이 브랜드 가치는 얼마인가
샐러리던트(Salarydent)가 되라
마음챙김(Mindfulness)의 소유자가 되라
학력이 아니라 오직 실력이다
건강이 최대의 자산이다

인생 밸런시트를 작성하라

자신을
인벤토리(Inventory)하라

우선 오늘 현재 당신의 인생을 총점검하라. 인벤토리는 나 혼자만이 아니라 아내, 자식, 부모, 형제의 현실과도 연관 지어 살펴보아야 한다. 당신 혼자의 문제만 해결된다고 끝날 일이 아니다. 상황에 따라 당신이 책임질 사항도 많다.

새해 첫날, 온 가족이 모여서 각자의 상황을 얘기하고 서로 문제점을 파악하여 개선점을 찾는다면 더할 나위 없는 집안이다.

적어도 2년에 한 번은 인벤토리를 할 필요가 있다. 100세 시대에 아직도 50여 년이란 반생(Half Life)이 남아 있지 않은가.

정년 후를 계획하면서 제3의 인생을 충실하게 살려면 먼저 '경제적 기반을 확고히' 해야 한다. 50대 이후는 가능한 한 '재정적 안전지대'로 대피해야 하기 때문이다.

그러나 대부분은 막연한 불안감에 '뭔가 하지 않으면 안 된다' 면서 안정을 찾지 못하고 방황하다가 결국은 아무것도 못하게 될 수도 있다.

이럴 때는 당장 자신의 '인생대차대조표'를 만들어 보아야 한다. 현재 당신의 예금, 적금, 주식투자금액, 신탁투자금액, 펀드투자금액 등 금융자산은 얼마인가, 또 주택은 시가로 평가하여 얼마인가, 기타 부동산은 얼마이며 부채는 얼마인가.

그리고 자신의 강점과 약점은 무엇인지 평가해 보라. 또한 현재 직장에서 언제 퇴직하게 되는가. 앞으로 재취업 일자리는 준비되어 있는가. 창업을 할 것인가. 부모에 대한 부양 준비는 어떠한가. 자녀의 학업은 언제 끝나며, 또 그들의 결혼 준비는 어떠한가.

이런 과제들에 대한 경제적 준비는 어디까지 와 있는가. 자신의 건강은 어떠한가. 당신이 이루고 싶은 꿈은 무엇인가 등을 상세하게 기록하고 사안별로 대책을 강구해 보라.

한 가지 주의할 점은 은퇴설계를 하면서 재무적 요소에만 치중해서는 안 된다. 건강, 가족관계, 취미, 사회봉사 등 비재무적 요소와 결합된 사항들이 총망라되어야 하며 조화를 이루어야 한다.

❖ 인생 대차대조표(Balance-sheet)를 작성해 보자.

일반 기업의 회계에서는 자산과 부채-자본을 중심으로 대차대조표를 작성하지만, 인생 대차대조표는 자신의 장점과 권리, 그리고 약점과 의무사항도 함께 기록하여 대조해 볼 수가 있다.

도표 좌측(차변)에 자산, 장점, 권리사항, 기타 플러스 요인 등을 기록하고, 우측(대변)에 부채, 자신의 약점, 의무사항, 마이너스 요인 등을 기록한다.

차　변	대　변
자산 내역 자신의 장점과 권리(자격증 등) 양호한 건강 플러스 요인들	부채. 자기자본 약점과 가족에 대한 의무사항(가족부양, 자녀교육, 자녀 결혼준비 등) 질병 기타 마이너스 요인들

- 자신이 중요하다고 판단하는 각 항목별 중점도를 수치로 부여하고 종합점수를 내볼 수 있음.
- 이 결과를 종합해 보면 앞으로 나가야 할 방향이 명확해짐.

❖ 아울러 당신의 '변천사'를 작성해 보라.

지난 10년 전의 당신과 오늘 현재의 상황, 그리고 향후 10년 후의 모습을 정리해 보면 앞으로의 계획을 수립하는 데 큰 도움이 될 것이다.

항목은 대략 5기지로 정히였는데, 각 항목별 가중치는 임의로 정하되 총점은 100점 만점으로 하면 비교해 보기가 간편하다.

나의 변천사

(40대)			(50대)			(60대)		
10년 전 _____세	점 수	설명	10년 전 _____세	점 수	설명	10년 전 _____세	점 수	설명
체력			체력			체력		
행복도			행복도			행복도		
경력/위치 (자격증)			경력/위치 (자격증)			경력/위치 (자격증)		
재정상태			재정상태			재정상태		
가족관계			가족관계			가족관계		

당신의 브랜드 가치는
얼마인가

우리나라의 일반 직장인들은 자신의 브랜드 가치를 얼마라고 평가하고 있을까.

얼마 전, 어느 취업사이트에서 조사한 자료를 보자. 회사 내에서 브랜드 가치가 높아 보이는 사람이 가장 많은 직급으로 평사원 10.2%, 대리급 21.4%, 과장급 27.8%, 부장급 14.6%, 임원급 10.2%, CEO 12.2%였고, 자신의 브랜드 가치에 대하여 남성은 평균 4,422만 원, 여성은 3,641만 원이라고 응답했다.

❖ 브랜드 가치가 가장 높은 사원의 유형

    업무능력이 뛰어난 사원 33.6%

    맡은 일을 끝까지 책임지는 사원 14.1%

    위기관리능력이 뛰어난 사원 12.6%

자기관리가 철저한 사원 11.9%

자기계발에 열심인 사원 11.0%

❖ 자신의 브랜드 가치를 높이기 위해 갖춰야 할 조건

업무능력 62.8%

외국어 능력 37.2%

폭넓은 인맥관리 30.8%

다양한 지식보유 28.6%

업무추진력 25.5%

업무경험 25.5%

위 평가에서 당신은 어디쯤에 해당하는가. 아킬레스건은 무엇인가. 손톱 밑의 티인가.

사막을 횡단하는 데 가장 큰 장애물은 신발 속의 작은 모래알이라는 말이 있다. 우선 그걸 털어내라. 그리고 당신에게 경쟁에서 취약한 작은 차이가 무엇인지를 알아내라. 바로 그 작은 것이 일생을 좌우한다.

입학시험 성적, 취직 경쟁에서는 늘 0.1점 차이가 문제 아니던가. 야구의 2할 9푼과 3할 타율은 천지 차이다. 만일 전문성에서 뒤진다고 생각되면 '말콤'이란 사람이 쓴 〈10,000시간의 법칙〉이란 책의 이론을 실천해 보라.

전문가가 되려면 돈이나 배경, 행운 또는 아이큐(IQ)도 필요 없고 다만 노력에 의해서만 전문성을 얻을 수 있다는 내용이다. 1,000시간을 배우면 조금 아는 정도가 되고, 4,000시간을 배우면 남에게 기본을 가르칠 수 있으며 10,000시간을 배우면 전문가가 된다고 한다.

하루에 1시간씩 배우면 27년이 걸리고, 하루 2시간씩이면 13.7년, 5시간씩이면 5년 반이 걸린다. 도전해 볼 생각은 없는가?

계란은 내가 깨고 나오면 닭이 되고 남이 깨면 프라이가 된다는 격언도 있다. 당신이 가진 브랜드 가치가 크면 클수록 장래에 큰 자산이 될 것임은 더 설명할 필요가 없을 것이다.

★ 천재는 1퍼센트의 영감과 99퍼센트의 땀으로 이루어진다.

– 에디슨(미국 발명가)

★ 천재는 절대로 없다. 다만 공부와 방법이 존재할 뿐이다.
끊임없이 계획하는 태도가 중요하다.

– 로댕(프랑스 조각가)

샐러리던트(Salarydent)가
되라

인벤토리 결과가 나왔는가. 지금까지 어떻게 살아왔다고 보는가. 당신의 지난날을 두 가지로 나누어 생각해 보라. 신념과 용기로 무장하고 갖은 난관을 극복하며 굳세게 살아왔는가. 아니면 직장이란 온실 속에서 별 문제 없이 하루하루 편하게 살아왔는가.

밤을 새우며 깊이 고민한 것도 없고 뭔가 성취하고자 열정적으로 행동해 본 것도 없이 그냥저냥 현실에 얽매어 온 것뿐인가. 만일 그렇다면 당신은 무척 놀라워하며 뉘우치고 있을 것이다.

만일 이 시점에서 용기를 내어 지금까지의 '월급생활자'로서의 삶을 끝내고 이제부터 새로운 인생을 설계하겠다고 결심한다면, 물론 길은 있다. 정년까지 아직 5~10년이 남아 있고, 평균수명대로 살더라도 20~30년이란 긴 세월이 더 남아 있으니, 준비만 잘하면 행복한 여생을 맞이할 가능성은 충분하다. 만일 60세가 되어 여생을 준비한다면 그건 너무 늦어서 곤란하다.

하지만 50대는 가능하다. 혹시 장래를 두고 걱정되는 바가 있다면 이렇게 생각해 보라. 50대까지 나름대로 잘해 왔지 않는가.

'특출하게 한 것은 없지만 크게 실수한 것도 없다. 새로운 길을 찾는다고 해서 지금보다 더 나빠질 거야 없겠지.'

이런 생각에 이르게 되면 새로운 용기와 자신감이 생긴다.

나머지 반평생을 어떤 목표로 살아갈 것인가를 조용히 구상해 보면 스스로 답이 나올 것이다. 그러면 향후 대비할 과제가 떠오르고 준비를 하게 된다. 준비하지 않는 사람에겐 기회가 오지 않는다는 사실을 명심해야 한다.

요즘 '샐러리던트'(샐러리맨+스튜던트의 합성어)란 말이 생겼다. 샐러리맨으로서 필요한 지식과 정보를 끊임없이 배우고 익히는 사람을 가리키는 말이다. 앞으로의 재취업을 위해서도 명심해야 할 필수항목이다.

★ 어떤 분야에서든 성공을 위한 최소한의 요구조건이 있다면, 그건 바로 지속적인 학습이다.

　　ㅡ 데니스 웨이틀리(미국 인력개발전문가)

마음챙김(Mindfulness)의
소유자가 되라

앞에서 말한 두 직장인 타입(적극적인 '올인형'과 소극적인 '무사안주형')의 차이점은 무엇인가. 결론은 간단하다. 사고와 자세의 문제다. 그날그날 별 생각 없이 지내는 사람과, 매사를 점검하고 준비하며 도전하는 사람의 차이일 뿐이다.

심리학에서 말하는 '마음챙김' 이론의 소유자는 남보다 앞서가고 목표를 성취해 내게 되어 있다. 목표한 바를 이루는 지름길은 '확률 게임이론'을 실천하는 데에 있다. 보이지 않는 '병 속에서 성공이란 감자'를 꺼내는 확률을 생각해 보자. 긍정적 요소를 많이 넣으면 넣을수록 성공확률이 높아진다.(자료 9 참조)

50세를 지날 때 어느 회사로부터 "우리 회사 사장으로 오세요"라는 요청이 있는가. 또는 "정년하신 후에는 꼭 저희 회사로 오세요.

○ 흰 감자 3개 (부정적 요소)
◉ 자주색 감자 5개 (긍정적 요소)
∨ 확률 3 : 5

* 목표 달성을 위한 요소(건강, 지식, 정보, 노력, 도전정신⋯ 등)를 많이 넣을수록
  자주색 감자를 꺼낼 확률은 더 높아진다.

기다리겠습니다"라는 간청이 있는가. 그러면 당신은 이미 성공한 케이스다. 요청하는 회사의 규모는 크게 따지지 않고라도 말이다.

그러나 그런 요청이 없다면 일단 당신은 직장인으로서 전문가로서 크게 성공했다고는 보기 어렵다. 따라서 뭔가 부족하게 살았구나 하는 자각이 있어야 한다.

그렇다면 정년 후의 여러 고민들을 과연 어떻게 해결해 나갈 것인가. 이제라도 서둘러 자신의 현실을 진단하고 '리셋(reset)' 해야만 한다.

• 자신의 삶에서 최대의 자산인 건강(가족도 포함)은 어떤가.
• 직장에서의 위치는 어디까지 와 있는가.
• 앞으로도 계속 승진될 가능성은 있는가.
• 퇴직 후 재취업에 대한 준비는 되어 있는가.

- 가정 재정 상태는 어떠한가.
- 가족의 생계는 걱정 없는가.
- 자녀의 교육비는 준비되었는가.
- 또 자녀 결혼자금은 어떤가.
- 자산관리를 위해 정보를 수집하고 대책을 세우고 있는가.

이런 과제들에 대해서 어떻게 대비하고 있는가. 필요한 정보는 무엇이며, 어떤 경로를 통하여 신뢰성 높은 정보를 수집, 분석, 활용하고 있는가. 이런 문제들을 끊임없이 점검해 나가야 한다. 그리고 각 항목별로 파일을 만들어서 관리해야 한다.

속담에 "일찍 일어나는 새가 벌레를 잡는다"는 말도 있다. 말하자면 '아침형 인간'이 되어야 한다는 말이다. 스스로 챙기지 않으면 누가 나를 챙겨 줄 것인가.

★ 밧줄을 풀고 안전한 항구를 벗어나 항해를 떠나라.
돛에 무역풍을 가득 담고 탐험하고 꿈꾸고 발견하라.
— 마크 트웨인(미국 작가)

학력이 아니라
오직 실력이다

지금까지 다닌 학교의 이름을 순서대로 적어 놓은 '학력(學歷)'은 이제 '자산'이 아니다. 다만 실력과 전향적 자세가 필요할 뿐이다. 학력이 출세를 좌우하는 시대는 이미 지났다. 모든 조직에서는 '성과'를 중시하는 시대가 시작되었다.

그래서 조직의 '인사고과제도' 역시 능력제일주의로 바뀌었고, 급여체계도 성과 반영으로 이루어지고 있다. 그 동안은 좋은 학교를 다니고 미국에 유학하여 아이비리그 대학을 졸업하면 취직도 잘 되는 세상이었다. 좋은 가정에 태어나 고액과외를 하고 명문대학에 다닌 사람들은 대부분 부족함 없이 평탄하게 살아왔다.

기업 컨설팅을 하다 보면, 간부들 중에 국내에서 명문대를 나오고 미국에서도 유명한 학교에서 MBA를 마쳤는데 조직에서 알아주지도 않고 더 빨리 출세하지 못한다는 불만 섞인 하소연을 듣게 된다.

그들의 내면을 들여다보면 항상 고학력에 대한 보상심리가 깔려 있다. 그러니까 직장 일에 '올인'하지 않는다. 언젠가는 화려한 학력에 대해 보상을 받을 거란 기대심리로 그냥저냥 지내는 거다.

원인은 무엇일까. 지금까지 고생한 적이 없으니 헝그리 정신도 결여되어 있고, 자신의 우월감으로 헛된 지존심만 내세우는 것이다.

뿐만 아니라 자신을 되돌아보고 '리셋'하지도 않는다. 그러니까 결과가 그럴 수밖에 없다. 그래서 미국 유명대학에 유학하고도 실력이 부족한 사람에게 '아메리카대학 코카콜라학과를 졸업했다'는 비속어가 생긴 것이다.

허울 좋은 스펙과 자존심만 내세우며 노력하지 않는 경우, 이게 얼마나 큰 착오인가. 승진하고 두각을 나타내는 데 학력에만 의존한다는 것 자체가 큰 잘못이다. 뼈를 깎는 노력만이 자신의 능력을 향상시킨다는 평범한 진리를 모르기 때문이다.

성공과 학력은 별로 관계가 없다. 우리나라 재벌의 두 주인공인 이병철 회장과 정주영 회장의 학력이 높다는 애긴 들어보지 못했고, 우리나라는 고졸 대통령도 두 명이나 있었다. 일본의 유명한 마쓰시다(松下) 전기 창업자인 마쓰시다 고노스케(松下幸之助) 회장도 학교를 거의 다니지 않았다. 문제는 일에 대한 투철한 자세와 처리능력(힘)에 있다.

결국 성공과 행복은 학력이나 태어난 가문과도 전혀 무관하다. 만일, 좋은 가정에서 태어나 좋은 학교를 다녔고 좋은 직장에 다닌다는 사실만을 기억하고 지낸다면 당신은 머지않아 낙오될 게 뻔하다. 그러니까 당신의 순탄했던 배경은 빨리 잊어버려라.

1960~70년대에 '병아리 감별사'가 큰 인기를 끈 적이 있다. 단 1초에 병아리의 암수를 구별해 냈는데 그 전문성이 대단했었다. 병아리를 손으로 집기만 하면 바로 구별해 낼 정도였고 수입도 상당했었다. 그 사람의 학력은 초등학교 졸업이 끝이었지만, 오로지 스스로의 노력에 의해서 그런 경지에 도달한 것이었다. 문제는 학력(學歷)이 아니라 실력(實力-전문성)에 있다.

★ 성공은 그 결과로 판단하는 게 아니라 거기에 소비한 노력의 통계로 판단하는 것이다. - 에디슨(미국 발명가)

★ 성공의 비결은 어떤 직업에서든 그 방면의 일인자가 되기를 바라는 것이다. - 앤드류 카네기(미국 실업가)

건강이 최대의
자산이다

일은 하되 젊어서처럼 피곤하지 않게 하여야 한다. 제2의 인생을 행복하게 살려면 우선 건강이 첫째다. 문제는 '건강과 일의 밸런스'를 맞추는 게 중요하다. 50대가 되면 젊었을 때보다는 신체 건강이 하향곡선을 그리게 되어 있다.

다 아는 바와 같이 우리 육체는 태어나서 20세까지는 성장하다가 그 이후는 서서히 노쇠의 길로 접어들게 되어 있다. 지금까지 50년을 혹사시켰으니 이제는 몸을 잘 관리해야 한다. 살아가는 데 최고의 무기이자 필수조건이 바로 건강이다.

어느 날 갑자기 찾아온 병마와 죽음은 본인의 일생을 멈추게 한다. 모든 것이 순간에 끝나 버리는 죽음, 꿈도 이상도 한순간에 사라져 버리고 비통함을 맞게 된다. 평생을 힘들여 일궈 온 기업의 최신 설비

공장 준공식장에서 쓰러지는 경우, 조직의 주요 직책을 맡아 불철주야 일하다가 사무실 의자에 앉은 채로 순직하는 경우, 세계적 IT계의 총아인 애플사의 '스티브 잡스'가 이제 겨우 55세에 희귀병으로 고통받는 현실을 우리는 보고 있다.

50대는 육체적으로 보면 오후 서너 시경이다. 아직 황혼은 아니지만 그렇다고 젊음의 태양이 다시 떠오르진 않는다. 40대까지는 외향적으로 동적(動的) 건강을 과시할 수 있었으나, 50대가 되면 내향적·정적(靜的) 건강 모드로 바뀔 수밖에 없다. 운동, 영양섭취, 정기적 검진을 잊지 말아야 한다. 앞으로 60대, 70대, 80대가 기다리고 있으므로 50대에 건강을 다져 두어야만 건강한 60대 이후를 맞이할 수 있을 것이다.

필자가 정신없이 일하던 때가 떠오른다. 나는 40대 중반에 1988년 서울올림픽 개최 당시 정부가 시행하는 광고 사업에 참여하였다. 우리나라에서 처음 개최되는 올림픽을 앞두고 재원이 없던 정부가 기금을 마련하기 위해 벌인 사업이었다.

국가적으로 전기사정이 좋지 않아 전기를 이용한 광고는 일체 금지되어 있었는데, 올림픽조직위원회에서는 한시적으로 전기를 이용한 대형 광고물을 허가하고 그 대신 기금을 출연하게 했다. 당시 대형 전광판이나 네온사인이 없는 나라는 우리나라와 스리랑카 단 두 나라뿐이었다. 북한 평양에도 대형 네온사인이 있었으니 다른 나라

보기에도 민망한 노릇이었다. 그래서 정부가 착안한 것이 옥외 광고였다.

나는 친구와 함께 밤을 새워가며 일했다. 처음에는 가난한 회사였으니 버스도 타지 않고 몇 정거장은 걸어 다녔고, 식당에 가면 3명이 2인분을 시켜서 나눠 먹기도 했다. 내 나이 45세 되던 해부터 준비한 올림픽은 48세 때 개최되었고, 전후 10여 년간 국내 광고업계도 큰 발전을 이루게 되었다.

한 국가의 광고시장이 '선진국형'이냐 아니냐를 판단하는 기준은 1년간 그 국가의 총광고비가 GDP의 1%에 해당하느냐에 달려 있는데, 88서울올림픽 개최 당시 국내 광고비는 비로소 GDP의 1%선에 육박하고 있었다. 그 계기를 통하여 우리 회사도 10년 만에 우리나라 아웃도어(Out door)업계 최고의 회사로 성장, 발전하였다. 일본과 구소련, 중국과도 합작회사를 설립하는 등 활발한 사업을 전개하였다.

이전에는 샐러리맨으로 살아오다가 사업가로 변신한 내게, 올림픽 광고 사업은 최고의 성공작인 셈이었다. 아이디어와 열정만으로 설립한 회사를 경영하는 동안에 겪은 고난은 이루 형언하기조차 어려웠다. 말하자면 죽기 살기로 일하는 수밖에 별다른 방도가 없었다.

당시 하루에 올림픽기금으로 300만 원이란 큰돈을 부담해야 하는 절박한 순간들이 연속되었기 때문이다. 이른 아침 5시에 일어나 종일 정신없이 뛰어다니다가 밤 12시나 새벽 1시경에 귀가하여 다음날 아침 5시에 일어나 출근하는 일상이 계속되었다.

그러다 보니 개인적인 시간을 낼 틈이 전혀 없었다. 당시 나는 국내외 8개 법인의 업무를 관리하느라 각 회사별 파일(사안별 진도관리기록)을 늘 갖고 다녔는데, 이동 중에 차안에서도 서류를 보는 등 시간을 쪼개 쓰는 상황이었으므로 누가 내 덥수룩한 머리를 보고 "이발소에서 오시래요" 하면 '아차!' 하고 메모지에다 '오늘 이발소/목욕탕'이라고 써서 서류파일 위에 붙이고 다녔다.

그런 전투 상황과도 같은 세월을 겪는 동안 나도 모르게 건강이 악화되어 '십이지장궤양'으로 오랫동안 고생하게 되었다. 잘 때도 통증 때문에 두 주먹을 불끈 쥐고 자야만 했다.

❖ 건강자산을 설계하라

살다가 어떤 병에 걸릴지는 아무도 모른다. 안 좋은 질병에 걸리면 은퇴자산이 통째로 날아갈 수도 있다. 가장 많이 걸리는 위암환자 1인이 부담하는 비용은 평균 2,685만 원, 폐암은 4,657만 원, 간암은 6,622만 원, 대장암은 2,352만 원, 백혈병은 무려 6,700만 원이나 된다고 한다(미래에셋생명 자료).

따라서 은퇴 후의 생활비만을 설계할 것이 아니라 예기치 않은 질병에 대한 건강자산을 치밀하게 설계해야 한다.

❖ 문제는 건강과 일의 밸런스에 있다

우리나라 장년층의 사망률은 세계적으로 높은 편이다. 베이비붐 세대는 IMF라는 시련을 겪었고 수많은 정치적 변화를 체험하면서 많은 스트레스를 받은 탓에 건강도 악화되었다. 이 세대의 35%가 고혈압과 당뇨, 고혈당, 관절염, 위장질환 등 성인병에 시달리는 것으로 나타났다.

그럼에도 37%는 정기적인 건강검진을 받지 않고 있으며, 40%는 전혀 운동을 하지 않는다고 답했다. 서울대 차승은 교수는 재무설계처럼 각자에 맞는 맞춤형 운동설계를 해야 한다고 진단하고 있다.

필자도 자신의 몸을 '폴크스바겐'(1940년대 독일에서 생산되어 성능과 경제성면에서 세계적 명성을 날리던 자동차)으로 알고 50여 년을 무리하게 굴렸더니 세월이 가면서 여기저기 부품고장이 나기 시작했던 것이다.

그러니까 50대가 되면 업무량과 난이도를 봐가면서 건강에 무리가 가지 않도록 일을 분배해야 한다. 너무 피곤하게 일에 몰두하면 가장 중요한 건강을 잃을지도 모르기 때문이다.

50대의 과로사나 간경화, 뇌경색 등으로 고생하는 경우는 모두 자기건강을 돌보지 않고 홀대한 탓이다. 성서에서도 "천하를 주면 네 몸과 바꾸겠느냐"고 했다.

우리 육체는 한번 고장이 나면 회복이 어렵다. 그래서 '병상의 제왕보다 건강한 거지가 더 낫다'고 하지 않던가. 건강은 행복의 90%를 차지한다. 돈, 명예, 지위, 권력 등은 불과 10% 미만이다.

자료 10 베이비붐 세대가 앓고 있는 질환 (단위 %)

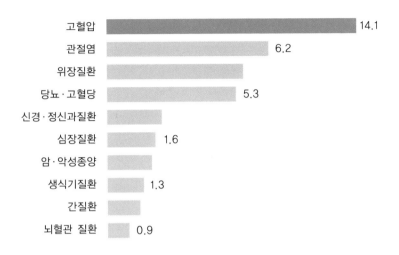

고혈압 14.1
관절염 6.2
위장질환
당뇨·고혈당 5.3
신경·정신과질환
심장질환 1.6
암·악성종양
생식기질환 1.3
간질환
뇌혈관 질환 0.9

★ 우리 삶이란 마치 들에 핀 꽃과도 같다.

  아침에 피어 저녁이 되면 시들고 마는….

  ― 페스탈로치(스위스 교육자)

당신의
선택은
무엇인가

CHAPTER 3

당신의 선택은 무엇인가

아직도 스타플레이어로
살고 싶은가

항상 자신의 능력을 파악하고 대비하라.

직장생활을 하다 보면 어느 날 자회사로 파견 근무를 가거나 관련 회사로 전직하게 되는 경우가 있다. 요즘은 파산하는 회사도 많다. 지난날 당신이 실제로 겪은 IMF사태를 기억할 것이다. 공룡처럼 큰 천하의 대기업, 은행, 증권사, 심지어 국가의 공기업조차도 빚에 몰려 전전긍긍했었다.

'포춘' 지의 발표에 의하면 세계 굴지의 회사로 떠오른 500대 기업 중 한 해에 100개의 회사가 순식간에 종적을 감춘다고 한다. 그래서 샐러리맨은 1년 내내 불안하다. 혹시 어느 날 갑자기 길에서 방황하게 되면 어쩌나 하는 걱정도 하게 되고, 내가 행복할 수 있는 직장은 어디일까 하고 탐색도 하게 된다.

그러한 불안감을 극복하기 위해 꼭 필요한 것이 바로 자기진단 (Inventory)이다. 오늘 현재 자신의 상황을 점검해 보면 앞으로의 길이 보일 것이다. 한 가지 명심할 점은 당신이 잘나가던 지난날처럼 계속해서 '스타플레이어(Star Player)'로 살 수 있을 것인가를 점검해 보라는 것이다.

앞으로도 조직에서 승승장구하여 최고경영자의 자리가 보장되어 있다면 그건 별문제다. 언론에도 오르내리고 조직의 장(長)으로서 빛나는 삶을 살 수도 있겠지만 그런 경우는 극소수에 불과하다.

그게 아니라면 '스타플레이어'로서의 꿈은 일찌감치 접고 조용히 내실 있게 사는 방법을 강구하는 것이 오히려 현명할 것이다. 의욕만 가지고 현실성 없는 일에 매달리다 보면 너무 피곤한 삶이 되지 않겠는가.

★ 최고의 허영심은 명성을 사랑하는 것이다.

　－ 산타야나(미국 철학자)

★ 앞서가면 제압할 수 있다.－ 사마천(중국 역사가)

창업,
결코 만만치 않다

현대 사회에서는 항상 회사가 언제 문을 닫을지 모르는 위험이 있다. 이런 환경에서 직장에 다니던 50세 전후의 사람은 퇴직 후의 삶을 놓고 갈림길에 서게 된다.

하나는 직장생활을 그만두고 스스로 창업을 하는 길이고, 또 하나는 지금의 회사를 더 늦기 전에 그만두고 좀 더 장기적인 일자리를 구하는 것이다.

그런데 평소 능동적으로 열정을 갖고 일하는 사람 중에는 퇴직 후 창업하려는 이가 많다. "내가 직장에서 고생한 것의 반만 해도 성공할 수 있다"고 장담하면서 말이다.

하지만 창업이란 결코 만만치 않은 일이다. 창업을 하는 순간부터 오너는 모든 책임을 혼자 짊어져야 하기 때문이다. 그 부담스럽고 고독한 자리에 앉기 전에 반드시 다음 사항을 깊이 고려해 볼 것을 권한다.

1) '백문백답(百問百答)'을 준비하라

창업은 당신이 아직 가 보지 않은 미지의 세계다. 그만큼 모험이 뒤따르는 길이다. 창업에 쏟아부은 금액이 많고 적고를 떠나서 실패란 치명적인 영향을 안겨준다.

옆에서 보기에는 곧 잘 될 것 같아도 실제로 해 보면 결과는 천지 차이다. 그래서 수많은 봉급생활자 출신이 실패하는 이유가 여기에 있다. 특히 오랜 세월 한 직장에서만 일한 사람은 비즈니스 세계를 잘 알지 못하기 때문에 남의 말만 듣고 시작했다가 낭패를 보기 일쑤다.

따라서 당신은 '돌다리도 열두 번 두드리는 각오'로 임해야만 한다. 그럼 어떤 항목을 만들어 체크할 것인가. 우선 아래 항목을 기본으로 확인하면 도움이 될 것이다.

【사업성 평가에 대한 4가지 표준】

1. 안전성 : 사업의 안전성 여부를 따져본다. 굴곡이 심한 업종은
   피해야 한다.
2. 성장성 : 성장하는 업종인가, 쇠퇴하는 업종인가를 따져본다.
   쇠퇴업종은 피한다.

3. 수익성 ; 이익이 어느 정도인지를 따져본다. 이익 없는 업종은
　　　　　이미 사업이 아니다.

4. 사회성 : 사회적으로 기여하는 바가 있어야 한다. 마약, 무기,
　　　　　사행성사업 등 법률로 금하는 업종은 불가하다.

【신종 사업 진출에 대한 검토 - 분석항목】

1. 영업성 평가 : 수요분석／공급분석-전체 시장의 크기와 시판
　　　　　상황-총판, 대리점, 지정점 등의 판매방식과 유통구조
　　　　　상황. 경쟁의 정도를 파악-경쟁이 극심한 경우는
　　　　　피해야 함

2. 기술의 진보상황 : 향후 기술의 진보 전망은 어떤가.
　　　　　취급할 제품과 향후 진보의 전망이 극심할 경우-조심

3. 시장진입의 장벽 여부 : 새로 시작하면서 진입에 장벽이
　　　　　높으면 창업에 어려움이 있음(반대로 장점일 수도 있음)

4. 자금계획 : 총액 및 단계별 금액과 조달능력 확인

5. 현금 흐름과 회수기간, 수익성 확인

6. 법적인 제한 사항유무 확인

　　　　　　　　　　　　　　- Bluce Method Omae Hahm 방식

- 창업할 때는 자금, 인력, 기술, 시설투자, 생산 및 판매, 원부자재 조달, 추진 일정, 손익 분기점 분석, 부가가치 분석 등 여러 항목에 대한 구체적 분석이 필요하므로 전문가의 자문을 꼭 받아야 한다.

【요점】

- 관심을 가진 사업 아이템에 대한 분석항목과 자신의 능력, 여건 등을 총망라하여 100가지 질문사항을 만든다.
- 각 항목별로 1점씩 점수를 주어 몇 점인지 채점한다.
- 결과가 90점 이상이면 일단 가능성을 갖고 전문가에게 자문을 요청한다.

2) 실패는 예기치 않은 데서 발생한다

필자도 과거에 어느 학교재단의 기업을 인수하여 경영한 적이 있다. 가축용 사료를 일괄 생산 공급하는 회사였는데, 공장과 본사가 있던 그 지역에는 대단위 가축농장들이 많이 있었으나 사료 공급회사가 먼 거리에 있어 공급과 판매의 사각지대였다. 그런 상황은 사업상 매우 유리한 조건이었다.

나는 생산, 판매, 재무, 유통, 인력문제 등 여러 항목을 꼼꼼히 나열하여 스스로 '백문백답집'을 만들었다. 항목 중에는 만에 하나 있을 수 있는 예비 문항도 모두 빠짐없이 넣었다. 그리고 평가 결과를 전문가에게 보이고 자문도 받았다. 최종 분석 결과는 90점이었다. 이 정도면 '묻지 마' 식으로 해도 큰 문제가 없는 상황이었다.

그런데 시작한 지 6개월 후부터 전혀 예상 밖의 문제들이 터지기 시작했다. 백문백답집 항목에는 없던 뜻밖의 문제들이 튀어나왔다. 내가 경영하는 회사 정문 앞뒤로 대기업들이 앞을 다투어 사료 판매점을 개설하면서 가격경쟁(덤핑)이 시작되었고, 판매대금도 어음기간을 3개월에서 6개월로 늘려 주는 등 자금력 경쟁까지 벌여야 했다.

게다가 인근 지역에 축산협동조합에서 새로 대단위 공장을 신축하면서 현물 수납 방식(도축시설을 갖춰 놓고 가축 현물을 사료대금으로 계산하여 받음)을 도입하였다. 설상가상으로 구제역 때문에 돼지 수출 길마저 막혀 각 농장에서는 새끼를 낳으면 그 자리에 땅을 파고 묻어 버리는 사태까지 발생하였다. 키워 봤자 사료값도 건지지 못했기 때문이다.

너나 할 것 없이 가축 농가와 농장, 사료업체는 빈사상태가 되고 말았다. 이쯤 되면 게임은 끝나게 되어 있다. 이럴 때는 자본력이 약한 쪽이 두 손을 드는 것이다.

나는 실패하고 말았다. 있는 힘을 다해 사태를 극복해 보려 했으나 허사였다. 결국 회사를 정리하고 공장을 팔아 원부지재 대금과 종업원 퇴직금 등을 지급하고, 막걸리 30통을 사서 100여 명의 직원들과 나눠 마시며 석별의 정을 나누었다.

밤 11시 서울행 야간열차에 피곤한 몸을 맡긴 내 주머니에는 단돈 15,000원이 남아 있었다. 실패의 결과는 쓰디쓴 열매만 남겼다. 살던 집은 채무담보로 날아가고, 약간의 저축은 씨가 말랐으며, 엄청난 빚이 대추나무에 연 걸리듯 늘어서서 어깨를 짓누르고 있었다.

그 후 나는 두고두고 그 실패 사례를 곱씹으며 원인을 분석해 보았다. 명색이 경영컨설턴트인데 그렇게 허망하게 실패했다는 사실과 백문백답 항목에도 없던 예상외의 문제가 튀어나왔다는 사실이 몹시 자존심을 상하게 했다.

하지만 답은 나의 잘못이었다. 사업을 접은 후에 정리해 본 실패의 원인은 다음과 같았다.

첫째, 사업을 시작한 곳이 공급 사각지대로서 사업상 유리하다면 다른 기업이 와서 경쟁할 것이라는 예측
둘째, 축협이 새로운 생산 판매방식으로 공격적 경영을 할 것이라는 예측
셋째, 가축물의 해외 수출이 일시에 막힐 수도 있을 것이라는 예측

이런 점들을 간파하지 못했던 것이다. 실패는 언제나 전혀 예기치 않은 데서 발생한다. 실패한 후에 누구를 탓할 수도 없다. '운이 나빴다'고 자위해 봤자 결국 손해는 자신에게 돌아오는 것이니 '후일을 위한 뼈아픈 교훈'으로 삼아야 할 뿐이다. '실패는 성공의 어머니'라는 말을 위안으로 삼으면서 말이다.

3) 경영자는 염색체가 다르다

　퇴직 후 창업을 꿈꾸는 사람들은 대개 사업에 성공한 주위사람이나 자신의 직장 사장을 보며 창업을 쉽게 생각한다. 그러나 막상 창업을 해 보면 그렇지 않다는 것을 절실히 깨닫게 된다.

　창업경영자는 어떤 사람인가. 창업하는 사람은 봉급생활자처럼 20~30년을 남에게 의지하여 살아온 게 아니라 스스로 일을 개척하고 이끌어 온 사람이다. 그리고 실패를 두려워하지 않으며 꼭 성공할 것이라는 자신감을 갖고 '올인' 하는 성격의 소유자다.

　그러다보니 삶 자체가 치열하고 굴곡도 심하다. 사업에 실패하면 종업원에게 임금이나 퇴직금을 주지 않았다는 이유로 형사처벌을 받고, 심지어 교도소에 가기도 한다. 그뿐인가. 갖고 있던 재산은 모두 압류되고 살던 집도 경매 처분당하여 가족들이 길바닥에 나앉기도 한다.

　반면, 샐러리맨은 어떤가. 물론 그들은 업무처리에 대한 이론과 실무 능력을 겸비하여 직장인으로 성장해 왔다. 기업은 그들의 능력을 평가하여 채용하고 노동의 대가로 급여를 지급한 것이다.

　종업원은 생계와 사회활동을 위해 취업하지만 그렇다고 싫은 일을 억지로 하지 않아도 된다. 그러니까 사업자보다는 비교직 평탄하게 살아온 셈이다. 어찌 보면 온실 속에서 안주해 온 게 사실이다.

그러나 기업주는 어떤가. 하기 싫다고 안 할 수가 없다. 하루아침에 그만둘 수도 없다. 자신에게 부여된 책임이 있기 때문이다. 어떤 고난과 역경을 만나더라도 이를 악물고 헤쳐 나간다.

그래서 '조지 길더'는 "기업인은 5대양 6대주를 돌며 오직 기업과 종업원들을 위하여 홀로 외로운 투쟁을 계속한다. 그는 세련되지도, 교양이 있어 보이지도 않는다. 그러나 그는 진정한 애국자이다"라고 극찬하였다.

기업가는 기업을 위해서 모든 것을 바치는 사람이기에 "창업경영자는 염색체가 다르다"는 말도 있는 것이다. 당신은 과연 어떤가.

4) 창업자본금의 원칙

정년퇴직 후에 창업하려는 사람은 90% 이상이 퇴직금을 밑천으로 삼으려 든다. 동업자와 공동 투자하는 경우도 있지만 역시 재원은 퇴직금이다. 또 일부는 살고 있는 집을 담보로 금융기관에서 창업자금을 빌리기도 한다. 참으로 아슬아슬한 일이다.

그러나 평생을 봉급생활자로 지내 온 사람이 퇴직금으로 창업하여 성공할 확률은 1%도 안 된다. 그럼 타인의 자본으로 시작하면 성공한다는 것인가. 그런 말이 아니라 50세까지 직장생활에 익숙해진 사람은 경험이 없어서 비즈니스 세계를 잘 모르는 데다가 체질적으로도 '올인'하기가 어렵기 때문이다.

그래서 그만큼 창업 성공률이 낮다는 것이다. 또한 지금까지의 전례와 통계가 이를 입증하고 있다. 퇴직하면 좋은 사업 아이템이 있다면서 이 사람 저 사람 접근하는 경우가 많다. 그런 경우에는 듣지도 말고 아예 만나지 않는 게 상책이다. 소극적 조언일지는 모르지만, 솔직히 필자는 당신에게 창업을 권하고 싶지 않다.

만에 하나, 창업해서 사업 밑천이었던 퇴직금까지 날린다고 상상해 보라. 또 사업이 여의치 않아 살고 있는 집을 날려 버린다고 가정해 보면 앞이 캄캄할 노릇 아닌가. 그 돈이 어떤 돈인가. 퇴직금은 평생을 두고 회사에 헌신한 대가이며 가족들의 생활 밑천이 아닌가.

또 앞으로 그런 목돈을 만져볼 기회가 다시 있겠는가. 그럼에도 굳이 모험을 감행할 필요가 있겠는가. 만일 당신이 100번을 생각하고 심사숙고한 끝에 꼭 창업을 고집한다면, 나의 의견은 이렇다. 생계비는 남겨두고 "투자금은 당신이 손해를 봐도 될 정도의 금액만으로 한정하시라."

★ 사업을 시작하는 것은 높은 전선줄 위를 걷는 것과 같다.
  반대편에 도달하기 위해 모든 정성을 집중해야 성공한다.
  – 제임스 번스타인(제너럴 헬스 창립자)

★ 기업가로서 성공하려면 모든 인생을 회사에 헌신해야 한다.
  – 워렌 로저스(컴퓨터 회사 CEO)

재취업의
문을
두드려라

재취업의 문을 두드려라

유형별
취업 방법

최근 50대의 취업률이 급증하고 있다는 긍정적인 소식이 전해지고 있다. 10년 전에는 40대 취업률이 높았는데, 지금은 50대 취업인구가 500만 명이 되었으니 10년 새에 300만 명이 증가했다. 전체 노동인구가 2,430명임을 감안하면 상당한 숫자다. 이는 50대가 차지하는 인구 비중에 그 원인이 있겠으나 무척 다행스런 현상이라 할 수 있다.

한편, 노동의 고령화 문제와 청년층 취업이 제한된다는 우려도 없지 않지만 능력과 경륜을 갖춘 50대가 사회에 기여하는 바가 더 많을 것임은 분명하다.

그럼에도 정년퇴직한 50대의 재취업 현실은 만만치 않다. 이런 상황에서 모두가 바라는 '수익도 있으면서 남 보기에 그럴듯하고 사회에 기여도 할 수 있는 그런 일은 없다'는 게 우리 현실이다.

현재 여건에서 재취업할 수 있는 길을 유형별로 찾아보자.

1) 아직 퇴직하지 않은 경우 ; 취업상태에서 연장하기

현재 근무하고 있는 회사에서 특수한 프로젝트 개발업무를 맡아 임기를 연장하는 방법이다. 직장에 다니고 있지만 승진도 잘 안 되고 조직에서 인정도 해 주지 않는 것 같다면 하루빨리 당신의 생각을 바꾸어야 한다.

경우에 따라서는 당신의 능력을 인정받지 못하고 승진도 여의치 않을 수 있다. 업무 성격상 분야가 맞지 않거나 당신의 업무 추진 스타일에 따라서, 또는 인맥구조상 그럴 가능성도 있다. 하지만 이유가 어찌되었건 현실에 적응하지 못하고 있는 건 사실이다.

자신의 입장을 중심으로 냉정하게 살펴보자. 옛말에 "글씨 못 쓰는 이가 붓만 탓한다"고 했다. 미안한 말이지만 솔직히 어찌 그게 남의 탓인가. 모두 자신의 능력 부족이다. 운이 나쁘다고 생각해도 좋다. 하지만 프로를 원하는 세상에선 그런 것이다. 현대는 '능력주의 인사고과시대'가 아닌가.

만일, 어느 분야에서 당신의 능력이 뛰어나고 높은 성과를 올렸음에도 그런 편파적인 인사가 이루어졌다면 더 이상 그 조직에 미련을 가질 필요가 없다. 그런 조직은 틀림없이 오래 가지 못할 것이며, 다른 조직에서 당신의 능력을 높이 평가하고 스카우트 제의를 해 올 것이기 때문이다.

당신이 앞으로 5년 내지 10년 더 회사에 근무하는 동안, 어떻게든 실적을 남기고 인정을 받아 임원으로 승진하거나 취업 상태가 유지되기를 소원한다면 길은 얼마든지 있다.

실현 가능한 새로운 실천 계획을 짜면 된다. 즉 어느 분야를 선택하여 무엇을 개발할 것인가를 고민한다. 작은 조직으로 소수 인원이 할 수도 있다. 지난 20~30년 동안 일해 온 당신의 경험과 능력을 총동원하여 재무, 인사, 생산, 기술, 판매… 등 여러 분야에서 획기적인 업무 개선 방안과 기술 개발을 목표로 삼을 수도 있다.

어느 조직이든 개선해야 할 점은 얼마든지 있다. 아무리 경영, 기술, 생산 등의 관리가 철저하게 이루어지는 기업이라 할지라도 날로 새로운 경영기법이 개발되는 스피드 경영시대에서 어제의 방식이 오늘도 통할 수는 없기 때문이다.

그렇게 해서 지금부터 당신이 정년퇴직할 때까지 5년 내지 10년을 두고 연구, 개발에 몰두한다면 회사의 자산으로 남을 만한 획기적인 일을 만들어 낼 수 있다. 그런 계획이 성공하면 당신은 회사에 큰 선물을 주게 되고, 큰 보람을 얻게 될 것이다. 개발자로서의 명성도 남기게 되며 제2의 인생을 멋지게 맞이할 수 있다.

그리려면 그 프로젝트가 성공리에 끝나는 닐까지 '제2의 인생을 충실하게 의미 있게 산다'는 목표를 잊어서는 안 된다. 지금 당장 회사와 협의를 시작해 보라. 협의를 시작하기 전, 회사에 기여할 내용과 기대효과에 대한 치밀한 계획을 세워야 함은 물론이다.

다만 한 가지, 당신이 갖는 회사에 대한 기대치는 최소화하여야 한다. 왜냐하면 훗날 회사의 보상이 나쁘다고 서운하게 생각되는 상황을 미리 방지하기 위해서다. 이제부터 자신의 인생설계를 이렇게 짜다 보면 앞으로의 시간은 모두 의미와 보람을 쌓는 일에 몰두하게 되고 퇴직 이전에 훌륭한 성과를 창출해 낼 것이다.

2) 다른 기업으로 전직하거나 고문으로 취임하는 방법

우선 다른 기업으로 전직하거나 고문으로 취임하는 방법이다. 당신이 지금까지 쌓아 온 지식과 경륜을 토대로 전직하는 기업에 도움도 주고 일정 소득도 얻게 되면 그 이상 바람직할 수가 없는 일이다.

❖ 전직 또는 고문 취임 시 유의할 점

지금 다니는 회사를 그만두고 다른 회사로 전직할 때 여러 가지 주의할 사항이 있다. 우리와 환경과 여건이 비슷한 일본의 저명한 경영 컨설턴트 '오마에 겐이치(大前研一)'의 퇴직자를 위한 충고 내용도 우리 사정과 유사하다.

우선 전직하려면 나이는 50세 전후가 좋다. 정년 후는 늦다. 할 수 있다면 50세까지 기다릴 필요도 없다. 하지만 40대 전후는 부적합하다. 아직 젊어서 경영진과 의견 대립이 있을 수 있고 또 지식과 경륜의 성숙 면에서도 아직은 미완성이란 시각이 있기 때문이다.

그러나 50세가 되면 나이 든 사람이라서 상대가 경계도 하지 않고 경험이 풍부하여 젊은 사장이 믿고 따르게 된다. 그러므로 경영이 안정되지 않은 회사에는 외부에서 스카우트한 50대 전문경영인이 가장 잘 맞는다.

회사를 바꾸어 전직할 때에는 다니던 회사보다는 규모면에서 한 등급 아래 회사가 좋다. 그리되면 전직할 때는 종전보다 한두 직급 더 상위 직급의 대우를 받기도 하고 상임고문으로 위촉받기도 한다. 문제는 전직한 이후의 역할과 성과가 과제다.

당신은 그 동안의 경험과 지식을 총동원하여 해당 기업의 '문제해결사(Trouble Shooter)' 역할을 감당해야 한다. 그리고 그 회사의 현황과 문제점을 분석하여 앞으로의 성장 목표를 수립하고, 목표 달성을 위한 전략을 수립하여야 한다. 목표와 전략이 확정되면 효율적 실행을 위한 조직을 새로 짜고 각 부서별 능력에 맞도록 업무를 분장하며 실천 스케줄을 확정하는 등 '목표관리 시스템-Management by Object 방식'을 도입하여야 한다. 뿐만 아니라 목표 달성에 따른 보상체계도 밀도 있게 수립, 실행하여야 한다.

이러한 일련의 시스템은 'PDCA 사이클 관리기법 = Plan(계획)-Do(실행)-Check(확인)-Action(실천)' 순서로 반복 실행하면 매우 효과적으로 성과를 높일 수 있다. 주기적(분기별·빈기별)으로 목표 달성 여부를 확인해야 함은 물론이다.

❖ 전직 또는 고문 취임 시 취해야 할 두 가지 태도

첫째, 전직하거나 고문으로 취임한 회사가 구태의연하다면 철저한 개혁을 주도하라. 그것은 새 직장에 대한 당신의 도리이자 그 조직 전체와 사회를 향한 지식인의 책무이기도 하다.

둘째, 회사가 여러 면에서 아직 미숙하다면 경영의 기초를 확고하게 다지도록 하라.

그렇게 하려면 당신이 취해야 할 역할이 무엇인지를 정확하게 알아야만 한다. 고문의 경우는 대개 내부 사람이 아닌 외부인이라는 인식이 있는데, 만일 고문이 회사의 개선점을 말할 때 "이 점이 문제"라고 지적만 하면 십중팔구는 그걸로 끝나버리고 만다. 왜냐하면 인간은 개선이라는 과제에 저항하는 속성이 있으며 개선과정에서 피로를 느끼게 되기 때문이다.

그러므로 지적만 하지 말고 구체적으로 실행 방안을 알려주면서 가능성에 대한 확신과 개선된 이후의 기대성과를 전향적으로 제시해 주어야만 한다.

이러한 과정에서 당신이 갖고 있는 지식과 경험, 풍부한 사고력과 경륜이 넘치는 노련한 모습, 백발의 연륜 등이 큰 무기로 작용하게 된다. 만일 새로운 제도나 시스템을 도입하였는데도 잘 안 되면 표면에 나서지 말고, 당신의 풍부한 역량을 발휘하여 보이지 않게 도와주어야 한다.

이제는 자신이 지금까지 직접 일해 온 스타일은 접어놓고 고문으로서 처신하는 새로운 방식이 필요하다. 새로 옮긴 회사에서 '고문의 스타일'이란 따로 필요 없다. 지난날에 해 왔던 '스타플레이어' 의식은 접어야 할 때다.

❖ 재취업 시 자신의 위치를 격상시키는 방법

전직도 창업처럼 리스크가 있게 마련이다. 그러므로 쉽게 생각해서는 안 된다. 반드시 심사숙고해야만 한다. 하지만 현재의 직장에서 앞날이 평탄하지 못하다면 과감히 신천지에 도전해 보는 것도 의미가 있다.

큰 회사에서의 승진 경쟁은 피를 말리는 극한 상황이 아닌가. 거기에서 살아남을 자신이 없다면 일찌감치 다른 길을 찾아보는 것도 방법이다. 50세라면 앞으로 일할 10년, 15년이란 세월은 결코 짧지 않다. 게다가 새 회사로 옮겨 70세까지 일이 연장된다면 이보다 더 기쁜 일이 어디 있겠는가. 그 길을 찾아 떠나보기로 하자.

첫째, 전직할 회사는 신중하게 선택해야 한다. 그리고 지금 직장보다는 한 단계 아래 회사 중에서 찾는다. 우선 장래에 비전을 가진 회사여야 한다. 나아가 지속적인 성장과 발전 가능성이 있는 기업 중에서 두 단계 정도 낮추면 더더욱 좋다. 왜냐히면 큰 회사에시 일하머 단련된 당신은 일하는 방법과 숙련된 업무처리 능력면에서 높이 평가되어 "와, 역시 달라"라는 호평을 받게 되기 때문이다.

둘째, 또 하나의 길은 지방 기업으로 전직하는 것이다. 서울(또는 대도시)이 아닌 지방은 아직 미개척 분야가 많다. 인재도 부족하고 경영방식에서 낙후된 점이 많이 있다. 이런 때, 당신의 노하우와 능력은 그야말로 '가뭄의 단비'처럼 환영받게 된다. 이때 당신에게 요구되는 것은 무엇일까.

우선 해당 기업에 대한 현황 분석과 성장, 발전을 위한 목표를 설계하는 것이다. 재무 분석(대차대조표, 손익계산서, 제조원가명세서)-매출액 증가 계획-원가 절감 계획-목표 이익 산출-자금 조달 계획-인재 보충 계획 등에 주력한다.

이와 같은 계획은 대도시 회사에서는 매년 하고 있는 것이지만, 지방 기업은 아직 체계적이지 못한 경우가 많다. 따라서 지방 기업에게는 큰 효과를 내게 되어 실적이 가파르게 올라갈 수 있다.

❖ 감성리더십을 발휘하라

당신이 작은 회사에 고문으로 갔을 때, 반드시 주의할 점이 있다. 즉 새로 수립된 계획들이 원만하게 진행되지 않는 경우, 당신이 어떤 태도를 취할 것이냐 하는 문제다.

필자의 친구 경우를 보자. 그도 규모가 큰 기업에 종사하다가 정년 퇴직한 후 지방 기업의 고문으로 재취업이 되었다. 처음 부임할 때는 고향을 발전시킨다는 좋은 뜻을 세우고 무척 기뻐했었다. 그는 명석한 두뇌와 풍부한 지식, 오랜 업무 추진 노하우로 무장된 유능한 인재였다. 그 지방의 발전에 관한 저서도 펴냈다.

지역 주민들도 고향을 사랑하는 훌륭한 인재가 왔다고 환영했고, 회사 임직원들도 그를 신뢰하며 따랐다. 그런데 얼마 되지 않아서 "함께 하기 어렵다"는 비판의 소리가 들리기 시작했다. 왜 그리 되었을까? 앞에서 말한 기업의 비전과 발전 전략까지 수립하는 등 리더로 활동해 왔는데 말이다. 원인은 그가 보스처럼 행동했다는 점이다.

오늘날의 리더십은 단지 '명령하는 보스'가 아니라 '함께 가는 리더'가 되어야 한다는 사실을 간과한 것이다. 인간은 권한(권력)에 저항하는 속성이 있다. 과거에는 보스가 '가라'고 명령하면 그대로 따랐다. 하지만 지금은 '함께 가자'고 하면서 솔선수범으로 리드하여야 한다. 그야말로 '감성 경영의 시대'가 되었다.

감성 경영이란 무엇인가. 조직원과 격의 없이 대화하고 공감을 얻어내며 같은 곳을 바라보면서 함께 일하는 자세를 갖는 것이다. 머리 좋은 그는 (과거에 근무했던 습관대로) 대기업 스타일로 생각하고 탁상에서 계산만 해 버린 것이다.

정부조직이나 공공기관 또는 규모가 큰 회사에선 그런 스타일이 혹시 통용될지 모르지만, 지방에선 어렵다. 결과적으로 '그의 말은 옳지만 함께 하긴 싫다'는 상황으로 끝나고 말았으니, 머리만 믿고 자만에 빠진 게 원인이다.

이 사례는 우리에게 많은 것을 생각하게 한다. 그의 우수한 능력은 펼쳐 보이기도 전에 좌절되었다. 참으로 안타까운 일이다. 당사자나

지역민 모두에게 큰 손해가 아닌가.

앞에서 본 실패 사례는 시사하는 바가 참으로 크다. 실패 원인을 말하자면 '인간성의 결여'라고 볼 수도 있다. 그렇다면 '따스한 인간성이란 살아가는 데에 유일한 무기'라고도 할 수 있겠다.

❖ 또 하나의 문제는 겸손함이다

세계인의 존경을 한 몸에 받아 온 슈바이처 박사의 일화가 있다.

아프리카에 묻혀서 봉사하던 박사가 고향에 돌아왔다. 말하자면 금의환향이었다. 기차역에는 수많은 환영객이 모여 있었다. 그들은 모두 1등칸 앞에서 기다렸으나 박사는 내리지 않았다. 나중에 알고 보니 박사는 3등칸에 타고 왔던 것이다. "왜 3등칸에 탔느냐"고 사람들이 물었다. 답은 "4등칸이 없어서"였다.

요즘 친구, 선배, 교수, 성직자, 조직의 장 누구를 박론하고 자기자랑에 빠지거나 거들먹거리면 몹시 싫어한다. 심지어 학생들에게 강의할 때도 자기자랑을 늘어놓으면 모두 싫어한다. 겸손은 모든 사람을 감동시키고 또 복종하게 하는 마력이 있다.

3) 컨설턴트로 활동하라

당신은 지금까지 소속 분야에서 '전문가'로 활동해 왔다. 오랜 세월을 두고 해당분야의 경륜과 업무지식을 쌓아 왔으니 프로의 경지에 도달해 있을 것이다. 학문과 경험의 깊이에 따라 대학 강단에 설

수도 있고, 관련 분야에서 새 일을 찾을 수도 있다.

기술 분야 전문가라면 중소기업체의 고문으로 활동할 수 있다(일본의 퇴직자 중 많은 전문기술자들이 우리나라에 고문으로 취업하고 있음). 금융계 출신이라면 역시 중소기업의 회계, 자금 부문의 고문직 또는 일정한 수수료를 받는 컨설팅이 가능하다.

뿐만 아니라 특화된 분야라면 별도의 사무실을 개설하여 독립적으로 활동할 수 있다. 정부기관에서 퇴직한 인사들이 기업이나 단체, 또는 로펌에 재취업하는 경우도 많다.

요즈음은 전략, 기획, 생산, 판매, 재무, 인사, 환경, 광고 홍보 등 모든 분야가 세분화 · 전문화되어 있기 때문에 컨설팅을 겸한 소규모 용역회사도 활성화되는 추세다. 본인이 용기를 내어 눈높이만 낮추면 길은 얼마든지 열려 있다.

4) 해외 파견 근무도 할 수 있다

바야흐로 글로벌 시대가 되었다. 외국에 진출하는 국내 기업은 물론 외국 기업들도 한국 전문가가 필요한 시대가 되었다. 건설 분야, 특수플랜트 분야, 각종 생산설비와 가동, 마케팅 분야, 인사관리 등 전 분야에 걸쳐서 우수한 인재를 찾고 있다.

어느 기업의 임원 출신인 A씨는 퇴직 후 독일의 풍력발전회사에 고문으로 취임하여 매우 만족한 생활을 하고 있다. 과거의 전문성을 인정받았기 때문이다.

정부에서도 지식경제부와 외교통상부가 해외 파견 사업을 주관하고 있는데, 2010년에는 100억 원의 예산으로 100명을 지원하였다. 해외 진출을 희망하는 전문퇴직자들을 연령대로 보면 모두 베이비붐 세대의 비율이 80% 이상을 차지하고 있다.(국제협력단 자료, 2010)

앞으로 외교통상부는 저·중 소득 국가를 상대로 행정, 교육, 의료, 농업분야에 대한 정책자문을, 지식경제부는 중·고 소득 국가를 상대로 기술경영자문 중심으로 추진하고 있어서 이 분야의 진출이 기대된다.

5) 법원 파산재단 관리인으로 선임될 수 있다

이미 다 아는 바와 같이 기업이 파산절차를 밟으면 법원에서는 해당 파산재단의 관리인을 선임하게 된다. 전문성과 경영능력을 가진 사람이 관리인으로 선임되면 소정의 급여는 물론 어엿한 직장인으로서의 근무여건이 부여된다. 말하자면 일정기간 취업이 되는 셈이다.

일반인이 생각하기에는 법원의 문턱이 너무 높다고 생각할 수도 있겠으나 반드시 그렇지만은 않다. 변호사를 통하여 추천받을 수도 있고, 각 법원에 예비후보로 등록할 수도 있다.

사례를 보자. B씨는 파산재단 관리인으로 선임되어 열정을 가지고 성실하게 근무하다가 그 기업이 회생되었을 때, 과거 B씨가 관리인으로 일할 때의 능력과 성실한 자세에 감동받은 회사가 다시 B씨를 정식 임원으로 선임한 경우도 있다.

6) 봉사하면서 소득도 얻는 방법

이 과제를 전체 베이비붐 세대를 대상으로 보기에는 실제로 간단치가 않다. 베이비붐 세대의 일자리 경로는 고용유지, 재취업, 창업, 사회적 기업, 커뮤니티 비즈니스, 사회공헌 일자리, 귀농, 귀촌, 해외파견 등으로 요약되는데, 은퇴자들의 교육 정도와 경제적 여유 및 자녀교육과 양육의 종결 여부에 따라 '생계형과 공헌형'으로 구분될 수 있다.

그런데 (아직은 정책적인 면이나 사회 준비가 미흡함) 현재로서는 이들 일자리의 96.5%가 생계형에 해당된다. 따라서 봉사와 소득이라는 두 마리 토끼를 잡으려면 현 상황에서는 시니어로서의 기능(경영, 기술 등)을 후진세대에 '전수-승계' 하는 분야에 한정될 수밖에 없다.

❖ 창의적 사회공헌형 일자리

첫째, 은퇴한 기업의 임직원, 공무원, 교수, 각 분야의 전문가 등이 자원봉사 차원에서 중소기업이나 창업자를 위해 전문적인 컨설팅을 제공하는 방법이다.

이는 사무실을 개설하고 독립적으로 활동할 수 있다. 미국의 경우는 사무실 운영 등의 비용을 정부에서 지원하며 미국 전역에 380개가 있고 컨설턴트는 11,400명이 활동하고 있다. 우리나라에서도 전문성을 가진 시니어들이 은퇴 후 개인적으로 각 기업의 고문 또는 컨설턴트로 활동하는 사례가 많다.

둘째, 일본의 경우는 2007년부터 시작된 베이비붐 세대(團塊-단카이 세대) 은퇴로 인한 '심각한 기능 계승 문제'를 해결하기 위해 은퇴자를 신입사원 교육요원으로 활용하고 고용상태를 유지시킨 방법이다. 뿐만 아니라 전문기술자들이 한국 중소기업에 파견되어 고문 약정을 하고 근무하는 사례도 많이 있다.

그렇다면 우리나라 전문가도 소속된 기업과 협의하여 신입사원 교육요원으로서 고용유지를 할 수 있겠고, 저개발국에 전문가로 파견되어 얼마든지 활동할 수 있을 것이다.

이렇게 되면 '봉사와 소득'이라는 두 마리 토기를 잡게 되는 게 아닌가.

7) 귀촌 · 귀농도 방법이다

도시에서 생활하는 사람들이 평소에 꿈꾸는 소망이 바로 전원생활이다. 양지바른 곳에 아담한 집을 짓고 텃밭을 가꾸며 유유자적하는 삶을 그리며 살아왔다. 거기엔 낭만이 있고 소박한 행복을 만끽할 수 있다고 생각해 왔다. 그렇게만 할 수 있다면 얼마나 좋을까.

그러나 생계를 위해서 도시생활을 접고 시골로 간다는 것은 그리 간단치 않은 문제다.

그러려면 우선 어느 정도 노동을 할 수 있는 건강이 보장되어야 하고, 어느 지역에서 무슨 농사를 지어 얼마의 소득을 올려야 할지에 대한 치밀한 계획과 준비가 선행되어야만 한다.

실제로 해마다 귀촌, 귀농 인구는 증가하고 있다. 연령별 분포도 베이비붐 세대의 비율이 높다. 지자체마다 지원정책이 진행되고 새로운 인력이 농촌지역에 유입됨으로써 지역 농산업 발전에 기여한 것도 사실이다.

귀농하는 경우에는 지원보조금도 있고, 전라북도 진안군은 지원조례를 제정하여 전담자를 배치, 지도하는 등 체계적이고 전문적인 정책을 펴기도 한다. 그러나 아직은 정부 차원의 종합적인 지원체계가 미흡한 게 아쉽다.

【귀촌·귀농에 대한 사전 검토 사항】

- 자신의 명확한 의지와 각오를 재확인한다 – 실행 후 후회하지 않도록.
- 가족과도 합의를 얻어야 한다 – 가족의 생각이 변하면 낭패를 볼 수 있음.
- 지역을 선택한다.
- 토지, 주택을 확보할 예산을 확보한다.
- 경작할 아이템을 구체적으로 선택한다 – 생산성, 판매유통, 경쟁의 정도 등 참고.
- 전문가, 경험사로부터 성공사례와 필수항목을 꼼꼼히 챙긴다.
- 정부의 제도, 지자체별 지원정보를 입수한다.

- 단계별 순서를 정하여 차근차근 실행에 옮긴다 - 너무 서두르면 착오가 발생.
- 해외로 이민을 간다는 각오로 전력투구하여야 성공한다.

8) 눈높이를 낮추면 길이 열린다

사람은 누구나 화려했던 지난날을 기억한다. 그리고 늘 그렇게 살아갈 수 있다고 착각하고 산다. 나이든 분들이 '내가 왕년에…'를 반복하는 것은 현재가 예전만 못하기 때문에 그런 것 아닌가.

하지만 살아가는 동안 옛날만을 추억하며 살 수는 없다. 직장과 직업을 다시 선택할 때, 낮고 천한 허드렛일이라고 배척해 버리면 나머지 삶은 어떻게 한다는 말인가. 다시 새롭게 낮은 자세로 귀천을 가리지 말고 살아내야만 한다.

지난 IMF 때 대기업 임원 출신이 택시기사로, 또는 건물 청소부로 일한 사례는 부지기수다. 잘나가던 지난날은 뒤로하고 눈높이를 낮추어 일자리를 구한 사람들의 사례를 몇 가지 소개하겠다.

- 임원 출신 은퇴자가 차린 아파트 택배기사 회사 : 은퇴자 20명이 '까치택배'라는 간판을 달고 일한다. 아파트단지에 들어오는 대형 택배회사의 짐을 건당 800원을 받고 집집마다 배달하는 일이다.

- 청소부가 된 교장선생님 : 71세 된 교장 출신 노인이 남이섬에 청소부로 취업. 보람을 얻으며 의연하게 근무하고 있다.
- 은퇴한 은행 부행장 출신 : 서민들을 상대로 대출 상담, 경영 노하우 전수, 사후관리까지 지원하며 수수료는 실비로 봉사를 겸한다. 은퇴자 21명이 함께 일한다. 간판 이름은 '희망도레미'.
- 지하철 택배 : 저렴한 비용으로 비교적 가벼운 물건, 서류 등을 지하철을 이용하여 전달하는데, 신속하고 정확하다.

이 외에도 수많은 사례가 있다. 문제는 그런 용기를 갖고 의연하게 살아가는 분들의 자세가 존경스럽지 않은가.

아무리 재취업이 어려워도 '되는 사람은 된다'는 사실이다. 문제는 '내 일자리가 없다'는 게 안타까운 일이다. 이 난관을 극복하고 취업에 성공하는 길은 자신의 능력(Spec)을 높이 쌓을 수밖에 없다.

★ 도중에 포기하지 마라. 망설이지도 마라.
　최후의 성공을 거둘 때까지 밀고 나가라.
　－ 데일 카네기(미국 컨설턴트)

취업알선 기관 및 정부시책

1) 취업알선 기관(현행)

【공공기관】: 고용노동부, 중소기업청, 지식경제부, 교육과학기술부 등 산하

- 서울지방고용노동청
- 중부지방고용노동청
- 대전지방고용노동청
- 대구지방고용노동청
- 광주지방고용노동청
- 부산지방고용노동청
- 제주지방고용노동청
- 고용지원센터(서울 및 각 지역별 소재지)
- 고령자인재은행
- 산업인력관리공단(고령자 뉴스타트 프로그램)

- 중소기업청(1인 창조기업 비즈니스센터, 시니어 플라자)
- 지식경제부(이공계 전문가 서포터즈)
- 각 시, 구청 및 지자체 담당부서-취업알선 창구
- 교육과학기술부-상공회의소와 협약을 맺고 산업체 출신 베이비붐 세대 은퇴자 330명을 특성화고등학교와 마이스터고등학교에 전문강사로 채용하였다. 이는 베이비붐 세대의 경험을 살린 재취업의 모델로서 산업계가 직업교육을 주도적으로 참여하는 '독일식 직업교육 모델'이 되기도 한다.
- KOTRA(대한무역투자진흥공사) 수출 지원
- KOICA(한국국제협력단) 퇴직 전문인력 파견

【민간 부문】

- 한국경총 산업기술인력 아웃 플레이스먼트(Out placement-은퇴자 및 구조 조정에 의한 퇴직자에 대한 전직지원) 센터
- 삼성계열사, LG전자, 제일제당, 포스코 등 대기업에서도 같은 프로그램 실시 중
- 특히 포스코에서는 자체 퇴직인력을 중소기업중앙회와 연계하여 중소기업에 알선하기로 협약을 체결하였다.
- 노사공동 전직지원센터
- 헤드헌터 회사-비용은 인재 채용회사가 부담(연봉의 15~25% 선)
- 일반 취업알선자 참고-직업 찾기 사이트(www.findjob.co.kr)

❖ 취업박람회를 눈여겨보자

'퇴직자를 위한 취업박람회'에서도 취업이 가능하다. 예를 들어 중소기업중앙회가 매일경제신문사, 부천시와 공동으로 경기도 의왕시에서 취업박람회를 개최했다. 여기에는 인근에 있는 우수중소기업 46개 업체가 참가하여 250명을 선발했다. 채용 대상은 '중견 전문인력'이므로 오랜 실무경력을 쌓은 퇴직자가 유리함은 물론이다.

채용박람회는 각 지자체가 언론사와 합동으로 시행하는 경우가 많으므로 평소 눈여겨보면 좋은 정보를 얻을 수 있다.

참고로 추가정보를 얻으려면 채용포털 커리어잡(www.careerjob.or.kr) 또는 박람회 채용관(jobevent.kbiz.or.kr)을 검색하면 된다. (문의전화 02-2124-3293~4)

마침 베이비붐 세대를 위한 노후준비 박람회(중견전문인력 채용박람회)가 있어 여기에 소개한다.

베이비붐 세대를 위한 노후준비 박람회
중견전문인력 채용박람회 참가 안내

전경련은 고용노동부를 포함한 8개 정부부처와 함께 베이비붐 세대 노후준비 박람회 중
『중견전문인력채용박람회』를 개최합니다. 40~50세대 채용박람회 중 최대규모가 될 금번
박람회에 참가하셔서 인재채용에 많은 도움 받으시기를 바랍니다.

※ **박람회명** 베이붐 세대를 위한 노후 준비 박람회 : 중견전문인력 채용박람회
※ **주　최** 고용노동부, 전국경제인연합회, 중소기업중앙회, 한국무역협회, 노사발전재단
※ **일　시** 2011년 9월 1일(목)~9월 3일(토) 10:00~17:00
※ **장　소** KINTEX 2,3홀

※ **박람회 특징**
　- 참가 기업체 부스 무료 제공
　- 박람회장 면접 부스 추가 운영
　- 참가 기업은 일간지, 경제지, 무가지를 통해 사전 홍보 예정(8월중)

※ **참가 방법**
　- 참가 신청 : 팩스 02-6336-0620, 이메일 jej@fkilsc.or.kr

※ **참가신청 기간**
　- 08. 01(월) ~ 08. 23(화)

※ **문의**
　- 박람회 홈페이지 : http//www.fki-rejob.or.kr/fair(8월 10일 이전 오픈 예정)
　- 전경련 중견전문인력 종합고용지원센터: www.fki-rejob.or.kr
　- 박람회 사무국 02-3771-0366 / 02-3771-0485

※ **제공서비스**
　- 박람회 참여하신 기업체는 박람회 이후에도 인재채용에 대한 지속적인 서비스를
　　제공해 드리겠습니다.

※ **기다**
　- 박람회를 신청하신 기업은 사무국에서 검토 이후 부스 제공 여부를 안내해 드리도록
　　하겠습니다. 검토 결과 본 사무국 기준에 부합되지 않을 경우 부스 제공이 되지 않을
　　수도 있음을 알려 드립니다.

2) 정부가 추진하는 시책 방향

　2010년부터 베이비붐 세대 712만 명의 은퇴가 본격화되고 있는 상황에서 정부당국이 추진하고 있는 시책은 다음과 같다.

　2011년 3월-기획재정부와 보건복지부에서 '100세 시대 프로젝트' 가동을 위해 태스크포스를 조직했다. 이 TF는 재정부, 복지부, 금융위원회, 고용노동부, 여성부 등 10개 부처로 구성되며, 특히 정년 퇴직자를 위한 재취업을 활성화하고 100세까지 살 것을 대비한 다양한 아이디어를 발굴중이다.

　베이비붐 세대 관련 정부 지원정책 현황과 문제점은 다음과 같다.

자료 11 베이비붐 세대 관련 지원정책 현황과 문제점

경로		지원정책 현황과 문제점
생계형	고용연장을 통한 계속 고용	▶ 60세 정년에 관한 규정은 있으나 권고사항 ▶ 임금피크제 실시 기업이 소수에 불과 ▶ 기업, 노동조합 등의 이해관계에 따라 상당한 시간이 소요
생계형	재취업	▶ 전직 지원 장려금 지원 자격이 사업주로 한정되어 있어 근로자에게 돌아가는 혜택이 제한 ▶ 실질적인 전직 성공률이 낮음
생계형	시니어 창업	▶ 대부분 교육적 접근을 취하고 있음 ▶ 과도한 정책지원보다 시장 생태계 조성과 애로를 줄이는 간접 지원 방식으로의 지원이 바람직
생계형	귀농·귀촌	▶ 추진체계가 미미하고 중앙과 지자체간의 귀농기준이 상이하여 귀농정책의 일관성 결여 ▶ 행정의존적인 귀농정책은 급증하는 귀농 수요에 한계로 작용 : 보조금 사업 지양 ▶ 전문인력풀 미비 ▶ 2009년 이후 191억 투자
혼합형*	사회적 기업/ 커뮤니티 비즈니스	▶ 사회적 기업 육성법 시행에 따라 범부처별 접근 *319개, 11,17명 고용, 취약계층에 대한 사회서비스 제공 ▶ 정부의 지원방식이 인건비 지원에 편중, 지속적 자립의 어려움 ▶ 사회적 기업의 인증 범위가 협소하여 창의적 모델 진출 어려움 ▶ 커뮤니티 비즈니스는 지경부, 행안부, 농식품부를 중심으로 시행 (행정의존적, 가시적 성과 위주)
공헌형	사회공헌일자리/ 재능기부	▶ 민간을 중심으로 활동이 이루어지고 있으며, 가시적 지원정책은 미흡
공헌형	해외파견	▶ 외교통상부와 지식경제부 중심으로 해외파견 *2010년 100억, 100명 지원 ▶ 파견 인력의 불일치, 사업의 인지도 낮음.

* 취약계층에서는 생계형 일자리로, 전문퇴직인력들에게는 공헌형 일자리로 공존 (한국직업능력개발원)

자료 12 베이비붐 세대 관련 국가별 정책 비교

구분	한국	일본	미국
규모 및 연령대	▸ 1955~1963년생 ▸ 712만 명 (전체 인구의 14.6%)	▸ 1946~1949년생 ▸ 680만 명 (전체 인구의 5%)	▸ 1946~1964년생 ▸ 7,700만 명 (전체 인구의 30%)
정책 방향	▸ 정부 주도 ▸ 특화 정책 없음 ▸ 65세 이상 고용 창출에 집중	▸ 정부 주도 ▸ 고령자의 다양한 취업 및 사회 참여 촉진 ▸ 정년 연장 중심 정책 ▸ 중고령자 재취업 및 고용 지원	▸ 정부 개입은 최대한 자제(시장 친화) ▸ 사회보장연금제도를 통한 베이비부머 은퇴 대응
정년제도	▸ 대기업의 60세 정년 권고, 그러나 현실은 52세 전후(30년간 불변)	▸ 정년 : 65세 ▸ 계속 고용조치는 연금수령 연도 연장 조치와 병행	▸ 연령차별금지법으로 정년제도 폐지(정년 자체가 불법)
고용 창출	▸ 65세 이상 노인 일자리 사업 시행 ▸ 최근 사회적 기업, 커뮤니티 비즈니스 등 베이비부머 친화정책 시작	▸ 55~64세 중고령자의 재취직에 주력 ▸ '지원하되 개입하지 않는' 정책을 통해 중고령자의 고용창출의 민간 영역에 지원	▸ 저소득 고령자의 일자리 창출에 주력 ▸ 적극적 노동시장정책의 일환으로 고령자를 위한 프로그램을 소규모 운영
고용 지원	▸ 고용자를 고용하는 사업주에게 자금 지원(한·미·일 공통) ▸ 고용유지에 초점, 고용지원정책사업은 대기업·남성 중심으로 설계	▸ 은퇴자의 재고용제도, 선택적 재취업제도 운영 등을 통한 중고령자 재취직 원조	▸ 고용촉진에 초점을 두고 실직자를 비롯한 취약계층에 대한 지원 시행 ▸ 인력투자법에 의한 실직자 지원 ▸ 원스톱 서비스 제공

자산 운용
공부에 시간을
투자하라

자산 운용 방법을 배우라
개인별 투자 성향도 천차만별이다
당신의 선택, 어떻게 하는 것이 현명할까
'하우스 푸어'는 피하자
마음가짐이 중요하다

자산 운용 공부에 시간을 투자하라

자산 운용 방법을
배우라

우선 50대의 평균 자산 구성 내용을 보자. 자산에서 부채를 뺀 순
자산액은 2억9,633만 원이다. 그런데 순자산액 중 부동산이 갖는 비
중이 82.4%나 된다. 기타 실물자산 5.8%, 금융자산은 11.8%에 불과
하다.

자산액의 크기와 부동산의
비율로 보면 대부분 살고 있
는 집 한 채가 부동산의 전부
로 추정된다. 같은 세대의 일
본은 금융자산이 45%, 미국
은 63%인 것을 볼 때 몹시 부
러운 상황이다.

자료 13 베이비붐 세대의 포트폴리오

한편, 부부간 노후 생활비용 통계를 보자. 앞으로 25년을 더 산다고 가정한 삶의 형태를 기본형, 안정형, 자유형으로 나누어 산정한 금액과 중·고령자들의 노후생활 준비 여부는 다음과 같다.

자료 14 부부간 노후 생활비용

구 분	삶의 형태			특 징
	기본	안정	자유	
생활비	2,487	2,487	2,487	2인 이상 도시 가구 가계지출×70%
의료비	564	564	564	65세 이상 1인당 월 의료비(23.5만 원)×2인×12개월
건강검진비	60	100	200	연 1회 일반 검진비(30만 원, 50만 원, 100만 원)×2인
사회활동비	360	600	1,200	문화생활비, 경조사비, 모임참석비
차량유지비	-	300	600	보험료+세금+유류비용 포함
여행비	26	606	917	1회 국내여행(12.8만 원), 외국여행(140만 원) • 기본(국내 1회)　　• 안정(국내 1회, 해외 1회) • 자유(국내 3회, 해외 3회)
품위유지(골프)	-	600	1,200	골프 그린피 1회 25만 원×2인(안정 월 1회, 자유 월 2회)
합계(연간)	3,497	4,957	7,168	
노후생활비용(월)	291	413	597	
총 노후생활 (25년)	72,892	103,329	149,425	

* 자료 : 통계청, 건강보험공단, 한국관광공사, 삼성생명

중 · 고령자 노후생활 준비 여부 (단위 %)

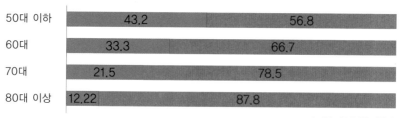

■준비하고 있다　■준비하고 있지 않다

	준비하고 있다	준비하고 있지 않다
50대 이하	43.2	56.8
60대	33.3	66.7
70대	21.5	78.5
80대 이상	12.22	87.8

* 자료 : 국민연금 연구원

이 자료에서 우리는 앞으로의 노후생활비가 만만치 않게 든다는 사실과 '노후 준비를 하지 않는다'는 50대의 응답이 준비한다는 응답보다 더 많다는 결과를 보게 된다. 여러 가지로 고민하지 않을 수 없는 심각한 문제다.

또한 은퇴 후의 생활비를 국민연금에 의존하는 비율은 40%(10명 중 4명꼴)나 된다. 연금에 가입하는 사람은 전업주부에서 학생, 군 복무자에 이르기까지 너도나도 가입하고 있는 데다가 기금 운용 성적이 시원치 않아 앞으로 기금 고갈이 걱정되는 실정이다.

그런데 앞으로 목돈이 생기거나 자산이 늘어날 특별한 계획이라도 있는가. 앞으로 돈 쓸 일이 점점 더 많아질지언정 별도의 자산이 늘어날 일은 별로 없을 것이다.

그렇다면 이제부터라도 자산 운용 방법을 공부하여 효율적인 방법으로 노후를 대비하지 않으면 안 될 것이다. 어떻게 순서를 정하고 시간을 써야 할까. 그 방법을 모색해 보자.

혹시 새로 공부를 시작하여 자격증을 따고 그 자격증으로 수입을 얻겠다고 생각한다면, 그 생각은 버리는 게 좋다. 간혹 그런 도전적인 분들이 있지만, 지금부터 공부해서 어떤 자격증을 딸 생각인가.

노후의 보람과 적은 소득이나마 얻기 위해 봉사를 직업으로 하는 호스피스, 상담원, 역사유저지를 안내하는 해설사 자격증 같은 거라면 몰라도, 고도의 지식과 경험을 요구하는 변호사, 회계사, 법무사, 세무사 등은 시간과 정력의 낭비가 아닐까. 어렵게 공부하여 자격시

험에 합격했다고 치자. 기존에 개업한 사람들도 경쟁이 심하여 사무실 운영이 어려운 형편에 경험도 없는 당신에게 일거리가 오겠는가.

그 힘든 고시에 합격했다 할지라도 현직(판사, 검사) 경험도 없고 늦은 나이에 개업해서 사건 의뢰가 올 것인가. 그럼 영어자격증 또는 학원강사를 꿈꾸는가. 그것도 안 된다. 외국에서 공부하고 살다가 온 원어민 수준의 젊은이들이 줄지어 서 있는데, 당신에게 과연 그런 일들이 가능하다고 보는가. 노력에 비하여 성과가 극히 희박한 일이니 접는 게 좋을 것이다.

그러므로 새로운 자격증으로 돈 벌 생각을 하기보다는, '지금 갖고 있는 자산'을 효율적으로 잘 운용하는 편이 더 현명할 것이다. 따라서 열정과 최선을 다해 자산 운용 방법을 배워야 한다.

❖ 정보수집과 조언 받을 곳

요즘에는 각 신문마다 금융 관련에 대한 상세한 정보가 소개되고 각종 매스미디어는 물론 인터넷을 통해 유용한 정보가 넘친다. 믿을 만한 은행, 증권사, 보험회사, 투자자문회사 등과 금융회사의 PB(Private Banking)센터 자문을 받으면 도움이 될 것이다.

그리고 각종 단체에서 세미나를 개최하는 곳도 많고 전문잡지도 여러 종류가 발간되고 있다. 관심만 기울이면 날마다 새로운 정보를 얻을 수 있다.

❖ 월지급식 펀드의 장단점

최근 매월 지급식 금융상품에 대한 관심이 뜨겁다. 관련 시장의 규모도 커지고 있다. 가령 2억 원을 맡기면 매월 150만 원을 지급하는 방식으로 고정적인 수입을 바라는 이에게 매력적이다.

그러나 원금에 대한 손실위험성도 배제할 수는 없다. 각 상품별로 조건이 다른 데다가 운용사의 능력과 주식시장의 등락, 경제 상황 등에 따라 운영성과가 좌우되므로 신중한 접근이 필수다.

월지급식 투자상품 어떤 것이 있나

월지급식 유형	적정 투자기간	장 점	유의할 점
펀드	1~5년	다양한 운용방식 선택	운용 자산별 리스크
국공채형 신탁	5년 이상	안정적인 지급	낮은 지급, 과세
고금리해외채권	10년 이내	높은 지급률	해당국 환율 리스크
즉시연금보험	10년 이상	안전성 및 비과세	10년 이상 장기 투자해야 함
포트폴리오	5~10년	자산별 분산 투자	원금 손실 가능성

* 자료 : 대우증권

개인별 투자 성향도
천차만별이다

투자자의 성향에 따라 안정성 추구형, 리스크를 감수하고라도 대박을 꿈꾸는 형, 그 중간형 등이 있다. 이 세 가지 유형에서 당신은 어느 형인가? 필자는 '안정성 추구형'을 권하고 싶다.

최근에 터진 저축은행 사태를 보면 부실한 저축은행에 예금하기도 어렵다. 거래할 금융회사도 신중을 기해서 선택해야만 한다. 이자를 몇 푼 더 준다고 쉽게 결정할 문제가 아니다.

지금 시점에서 리스크를 안고 대박을 꿈꾸는 것은 바람직하지 않다. 만에 하나라도 원금에 손실이 오면 어찌할 것인가. 2008년에 몰아닥친 세계적 경제 쓰나미(리먼 브라더스 회사 파산사태)를 돌이켜보자. 그때 펀드에 투자했던 사람들은 모두 투자원금이 반 토막(80%의 손실을 본 경우도 있었음)이 났었다.

금융상품과 경제흐름에 대한 전문지식이 없는 개인이 투자하게 된 첫째 동기는 금융회사 창구 판매직원의 권유(대박이 날 것이란 장밋빛 설명)가 있었기 때문이지만, 상품을 권유하고 판매한 금융회사는 수수료를 챙길 뿐, 손실은 없다.

결국 손실 결과는 고스란히 투자자에게 돌아오는 게 아니던가. 필자도 손해를 보고 오히려 엉뚱한 세금만 낸 적이 있다.

★ 일은 지루함과 나쁜 생각, 그리고 가난을 멀어지게 만든다.

　- 모루아(프랑스 작가)

★ 소인(小人)이 한가로우면 불선(不善)을 이룬다.

　- 중국의 사서(四書) 중 대학(大學)

★ 직업에는 귀천이 없다. 불성실한 것은 게으름이다.

　- 헤시오도스(그리스 시인)

★ 일히지 않는 자는 먹을 자격도 없다.

　- 신약성서

당신의 선택,
어떻게 하는 것이 현명할까

 우선 수입과 지출액을 계산하고 생활 계획을 세운다. 그리고 재산 내역표를 작성한 후, 운용할 자산을 구분하고 어느 정도의 자산을 어떻게 운용할지 계획한다. 대개 운용자산의 1/3 정도를 넘지 않는 것이 안전하다.

 전문가에게 자문을 구하되 최종 결정은 스스로 해야 한다. 선택은 당연히 '안전형'으로, 높은 위험이 따르는 '대박형'은 지양해야 한다. 일단 당신의 자산을 인벤토리한 결과를 놓고 금융회사(은행, 증권사, 보험사, 투자자문회사 등) 2인 이상의 전문가 자문을 받아 자산 운용 방향에 대한 최대공약수를 찾아야 한다.

 주의할 점은, 금융회사 직원은 고객 유치 실적에 따라 인사고과가 결정되기 때문에 상품구매-투자를 권유한다. 그럴 때 모두 응하면 낭패를 보기도 한다. 투자자의 냉철한 판단이 필요하다. 그리고 자산은 반드시 포트폴리오를 작성, 분산하여 관리하는 것이 좋다. 이익이 나는 분야가 있고 반대로 손실이 발생하기도 하므로 '분산관리'만이 최상의 방법이다.

이재(理財)에 밝은 미국인들의 투자 성향을 보자.
2008년 글로벌 금융위기를 겪은 후 그들은 투자하기 전에 꼼꼼하게 듣고 원칙(Back to the basic)을 세워 깐깐하게 투자하고 있다.

미국 베이비붐 세대(1946~1964년 출생)가 추구하는 5가지 새 경향은 다음과 같다.

1. 현금 보유를 더 늘린다.
2. 안전자산 채권을 산다.
3. 투자대상을 다양하게.
4. 연금보험 가입을 늘린다.
5. 구체적인 조언을 요구한다.

【자산 운용시의 유의사항】

- 금융회사 판매자의 권유는 참고만 하라.
  최종결정은 본인이 한다.

- 운용할 금융자산의 범위는 전체의 1/3 정도, 최대 50%를
  넘지 않는 것이 좋다.
  지금은 '올인' 할 때가 아니다. 그리고 어떤 경우든 빚을
  지면 안 된다. 부동산 투자나 이익을 남기고자 물건을
  잠시 샀다가 팔기 위해 돈을 빌리는 것도 안 된다.
  리스크가 크기 때문이다. 얼마 전에는 달러를 사두면
  남는다고 해서 투자했다가 손해 본 사람이 많다.

- 만일 퇴직금으로 '집' 을 산다면 향후 특별한 소득이 보장되
  지 않는 한 60대 이후가 걱정될 것이다.
  아마 밤잠을 설치게 될지도 모른다.

- 퇴직금을 담보로 빚을 지는 것도 매우 불안한 일이다.
  그러다 보면 머지않아 사방에서 아우성치는 빚쟁이들의
  성화를 받게 될 것이다.

'하우스 푸어'는
피하자

'하우스 푸어(House poor)'라는 신조어가 생겼다. 경제 상황이 여의치 않아 생긴 말이다. 쉽게 말해 '집 가진 가난한 자'라고 보면 된다.

집 한 채가 당신 재산의 전부라면 어떻게 할 것인가. 우리나라 '하우스 푸어'는 108만4,000가구다. 전체인구의 10.1%나 된다.

그런데 10가구 중 1가구는 매월 소득의 40% 이상을 집 사는 데 차입한 원리금 갚는 데 쓰고 있다. 월소득 246만 원 중 102만3,000원 (41.6%)을 빚 갚는 데 쓴다는 얘기다. 그나마 원리금을 갚지 못하는 가구는 무려 8.4%인 9만1,000가구나 된다(현대경제연구원 자료).

하우스 푸어의 사례

자영업자
박모(46) 씨

2008년 2억 원 대출받아 3억5000만 원짜리 아파트 구입
(2년 거치 5년 원리금 상환 조건)
현재 월수입은 400만 원
3년간 이자만 110만 원 내다가 원리금 매월 370만 원 상환 중
아파트 값은 3000만 원 하락

하우스푸어 왜 생기나

1 재테크를 부동산에 올인
가계자산 중 부동산 등 비금융자산 비중 (단위 %)

미국	일본	영국	한국
35.1	41.3	54.8	79.6

2 무리하게 대출을 끼고 집 구매
가처분소득 대비 가계부채 비중 (단위 %)

프랑스	독일	일본	미국	한국
80.8	97.8	112.3	129.2	143

3 집값 정체
집값이 오르면 집을 팔아서 대출금을 갚아도 이익을 볼 수 있지만,
집값이 하락하면 손해를 보게 됨.

서울지역
아파트매매
가격지수
연말 기준

102.6
100.3
100
93.6
90

2006 2007 2008 2009 2010년말

4 금리가 오를 경우 부담이 커짐

변동금리 대출 비중
(단위 %)

일본	미국	한국
20	26	92.5

* 자료 : 금융투자협회, 금융위원회, 금융감독원, 국민은행, 금융연구원

자료 15 하우스 푸어의 대출 원리금 규모와 빚 상환 능력

원리금 규모	월평균 원리금	102만3000원
	월평균 가처분소득	246만 원
	가처분소득대비	
	원리금 비율	41.6%

빚 상환 능력 (단위 %)

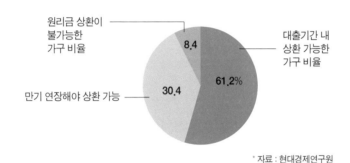

원리금 상환이 불가능한 가구 비율 — 8.4
대출기간 내 상환 가능한 가구 비율 — 61.2%
만기 연장해야 상환 가능 — 30.4

* 자료 : 현대경제연구원

우리나라는 '집값은 계속 오른다'는 기본개념이 강하다. 그러나 요즘의 집값은 오히려 떨어지고 거래도 별로 없다. 만일 집값이 매년 1%씩 하락한다면, 대출을 받아 집을 산 경우 치명적인 영향을 받게 된다(매일경제-삼성생명 조사). 그러니까 이자 부담과 집값 하락에 따른 '하우스 푸어'가 된다는 것이다.

반대로 집값이 오르는 경우, 계산에 따르면 현재 2억짜리 집값이 20년간 물가상승률(3.5%)만큼 오른다면 자산은 9억 원으로 늘어난다. 하지만 보장되지 않은 희망사항이라는 게 문제다.

오늘의 상황은 어떤가. 2011년 4월 4일자 조선일보 보도를 요약하면, 금리는 낮고 집값은 제자리다. 오히려 하락하고 있다. 그러다 보니 주택소유자나 입주자 모두 전세보다는 월세를 선호하고 있다. 만일 융자를 얻어 집을 샀는데 집값은 하락하고 이자 부담만 늘어난다면 나중에 큰 손실이 발생할 것으로 전망하였다. 금리가 오를수록 빚 얻어 산 집이 바로 '웬수'가 된다는 얘기다.

그렇다면 어떤 방법이 있을까. 현재로서는 무리하게 집을 늘려가거나 집값 상승을 통한 자산증가를 기대하기는 어렵다. 오히려 현금자산을 늘리는 쪽으로 방향을 돌려서 안전하고 마땅한 투자대상을 찾아야 한다. 당장의 생활비를 위해서는 부동산 역모기지론을 활용하는 방법도 있다.

마음가짐이
중요하다

　자산이 부족하다고 실망할 필요는 없다. 억만장자도 반드시 행복하지는 않다. 고액연봉, 고급주택, 고급자동차, 요트, 별장에 산해진미를 먹고 산다고 꼭 행복하겠는가.

　선현의 가르침에도 화목하지 못한 가정에서 산해진미가 가득한 것보다 비록 가난해도 화목한 집이 더 행복하다고 했다.

　금전의 크기란 가짐과 못 가짐의 차이일 뿐, 어떻게 사느냐가 행복과 불행을 구분한다는 가치관을 가져야 한다. 화목한 가정, 건강한 가족, 남을 위해 봉사하는 삶, 선행 베풀기, 건전한 신앙생활로 마음의 평안을 얻는 것이 행복에의 지름길이 되지 않을까.

인생에서
가장 중요한
가족의 변화

인생에서 가장 중요한 가족의 변화

정년 후의 아내는
적인가 동지인가

대개 아내는 남편의 바깥생활을 잘 모른다. 뿐만 아니라 남편의 내면세계도 잘 모른다. 직장에 나가는 아내라면 몰라도 전업주부인 경우는 남편 직장의 사업 내용이나 조직 구성, 직장 분위기는 물론 남편이 갖고 있는 고민에 대해서도 상세히 알지 못한다.

퇴근한 남편은 신문이나 잡지를 보고, 아내는 책은 멀리하고 텔레비전 앞에만 앉아 있으면 대화는 단절되고 상대방을 이해하기가 점점 더 어려워진다. 문제는 그런 상황이 계속되다가 남편이 퇴직을 하게 되었을 때부터 발생한다.

❖ 실낙원(失樂園)의 세계를 경험해 보았는가.

'낙원'이란 아무런 고통도 번민도 없이 즐거움만 가득해야 하는 곳이다. 지상낙원인 '에덴동산' 이래 '집'은 태초부터 낙원이 되도록 설계된 장소다. 집은 가족 모두에게 유일한 쉼터로, 행복을 만끽하는 공간으로 지금까지 존재해 오지 않았는가. 그래서 노래가사에도 "즐거운 곳에서는 나를 오라 하여도 내 쉴 곳은 작은 집, 내 집뿐"이라고 하지 않았던가.

부부는 지난날 젊고 아름다웠을 때의 초상화만을 간직하고 살면 큰 착각이다. 보기 싫더라도 나이 들어 변하는 모습을 그대로 인정해야 한다. 또 직장에서의 고민을 집에까지 갖고 가는 것은 금물이다. 밖에서의 갖가지 고민을 집에까지 싸들고 가서 잠을 설친다는 것은 아내와의 전쟁을 시작하는 위험한 일이 된다.

일이 뜻대로 되지 않는다고 해서 자신의 고민을 가족에게까지 전파하거나 신경질을 내면, 이는 실낙원의 문을 열어젖히는 것과 다름없다. 아내도 당신의 고민을 전달받으면 함께 고민하게 되고 당신이 신경질을 부리면 아마도 몇 배는 더 화를 낼 것이다. '되로 주고 말로 받는 격'이 된다.

그러다 보면 집안은 온통 어두운 공기에 휩싸이게 된다. 그렇다고 남편의 고민을 눈치 채거나 현실문제에 대해 함께 의논을 하게 되었을 때, 아내가 모르쇠로 일관하는 것도 '실낙원'의 시초가 된다. 비록 면적은 작은 곳이지만, 가정을 평화롭게 이끈다는 것은 쉬운 문제가 아니다. 실낙원의 경우를 보자.

【사례 1】

한 친구는 학교를 졸업하자마자 대기업에 취직하여 승승장구 잘 나갔다. 대리, 과장을 거쳐 부장, 임원으로 승진을 거듭하면서 최고 경영자까지 지낸 후 50대 후반에 퇴직하게 되었다. 직장인으로서 크게 성공한 케이스였고 화려한 직장생활을 마감한 후 명예로운 퇴직을 했다.

그 후 한동안은 부부동반으로 골프를 치거나 해외여행을 다니면서 행복한 나날을 보내며 삶의 기쁨을 만끽했다. 하지만 언제까지나 그렇게 지낼 수만은 없는 노릇. 다시 뭔가 일을 해야겠다고 생각하는 순간, 전혀 예상치 못했던 아내와의 불화가 시작되었다.

아무리 부부 금실이 좋다고 해도 온종일 얼굴 마주하고 있으면 사소한 언쟁이 생기고 급기야는 싸움으로 번지게 마련이다. 그리고 마침내 아내가 드러내놓고 "이웃 보기에 창피하다"며 눈치를 주는데, 그렇다고 정처 없이 밖으로 나가자니 갈 곳이 없다. 공원엘 가겠는가, 친구 사무실에 들러보는 것도 한두 번이지 계속될 수는 없다. 갈 곳은 동네 경로당뿐인데 막상 가자니 용기가 나지 않는다. 막말로 택시운전을 해야 할지, 아니면 아파트 경비로 가야 할지 마음을 정하지 못하고 있다.

취업의 눈높이를 낮춰야겠다고 생각은 해 보지만, 그놈의 체면이 앞을 가로막는다. 평소 자존심이 강한 것으로 보아 새취업을 위한 그의 고민은 아마도 길어질 것만 같다.

【사례 2】

　평생 공직생활을 해 온 한 선배는 승진을 거듭하여 어느 기관 총수 지위까지 오르면서 주요 지휘관으로 근무하다가 50대 후반에 퇴직하였다. 평소 직장에 대한 애착과 자긍심이 높은 분이었다. 퇴직한 후에는 공기업에 감사로 일하다가 그만 쉬게 되었는데, 문제는 퇴직하고 집에서 소일할 때 나타났다.

　한창 일할 나이에 쉰다는 건 고역이 아닐 수 없다. 그 분은 자주 꿈을 꾼다고 한다. 멋진 배지와 훈장들로 장식된 정복을 차려입고 지휘봉을 들고 부동자세로 도열한 부하직원들을 사열하는 장면이 연출된다는 거였다. 그리고 단상에 올라 훈시까지 한다는 것이다.

　꿈에서 깨어나면 식은땀에 젖게 되고 근무하던 시절이 그립다는 거였다. 그러다가 결국 우울증까지 앓게 되었다. 갈 곳이 없으니 집에 들어앉아 잔소리만 늘어갔다. 자신은 결코 잔소리가 아닌데 아내는 잔소리로 받아들였다는 것이다. 그런 모습을 바라보는 아내 또한 처음에는 마음 아파했지만 상황이 나아지지 않자 부부 사이마저 악화되어 별거에 이르고 말았다.

　이 경우, 선배는 퇴직 후의 생활을 '연착륙' 시키지 못했고 아내는 남편을 이해로 감싸지 못한 것이다. 갈 곳을 찾던 선배는 지금 동남아에서 사업하는 지인의 회사에 고문직이란 명분으로 나가 있다. 무보수지만 소일삼아 일상에서 탈출한 셈이다. 누구의 잘못도 아닌 '상황이 가져다 준 결과' 다.

대개의 경우, 남성은 퇴직을 해도 한동안은 오랜 세월 해 오던 습관대로 무의식중에 일정한 시간에 일어나 아침을 먹은 후 양복 입고 가방 들고 현관을 나서게 마련이다. 하지만 아침마다 모시러 오던 기사도 현관 벨을 누르지 않는다. 이상하다며 신발을 신다가 문득 '아차! 내가 지금 어딜 가는 거지?' 하며 현관에 주저앉는다. 그리고 그 무렵 아내로부터 자존심 상하는 소리를 듣는다.

"어이구, 퇴직했는데 지금 회사에 가는 거예요? 남들은 다시 직장을 잡는데 당신은 왜 못해!"

이런 현상이 장기 근속한 퇴직자들의 모습이다.

이렇게 되면 남편들은 가족 보기에도 민망하고 자존심이 상해서 무조건 '밖으로 나갈 곳'을 열심히 찾게 된다. 하루하루가 지겹다면서 여기저기 일자리를 수소문하며 지낸다. 느는 것은 한숨과 주량뿐이다.

앞의 두 경우에서도 같은 현상이 나타났다. 대개 퇴직한 남편과 집에 하루 종일 같이 있으면 사소한 의견 차이로 언쟁이 일어나고 잔소리도 늘어난다.

결국 말다툼을 하다 보면 감정이 격해져서 '당신'이란 호칭은 '너'로 그리고 '야'로 변하다가 급기야는 입에 담기 어려운 욕도 나오게 된다.

젊어서 부부간에 애틋했던 정은 어디론가 사라지고 '소 닭 보듯' 하다가 결국 지겨운 관계로까지 발전한다. 아내는 남편이 아침이면 어디론가 외출해 주기를 바라고 재취업을 간절히 바란다.

일정한 수입이 없는 상황에서 곶감 빼먹듯 생활비를 쓰자니 불안하게 된다. 상황이 여기에 이르면 답답한 남편은 친구를 찾아 밖으로, 아니면 공원을 헤매게 마련이다. 남편이 집에만 있으면 이제는 아내가 밖으로 나간다. 찜질방, 미장원, 에어로빅, 동창회 등으로 아내도 바쁘다. 결국 가스, 전기 등 집단속, 우유배달, 신문구독료 지불은 남편 담당이 되고 만다. 이렇게 되면 남편은 좌절과 낙망으로 어깨가 축 처진 채 삶의 회의마저 느끼게 되는 것이다.

★ 결혼 전에는 눈을 뜨고 결혼 후에는 눈을 감아야 한다.
- 프라(영국 신학자)

★ 좋은 결혼은 있지만 즐거운 결혼은 드물다.
- 라 로슈코프(프랑스 작가)

어떤 배우자를 만나느냐가
인생을 좌우한다

일본의 유명한 컨설턴트 '다나베 쇼이치(田邊 昇一)' 씨는 '인생에서 가장 중요한 3가지 요소'를 다음과 같이 꼽았다.

첫째, 무슨 일(직업)을 하느냐
둘째, 살면서 누구를 만났는가
셋째, 어떤 배우자를 만났는가

성공적인 삶을 위해서는 '어떤 배우자를 만나느냐'가 얼마나 중요한가를 지적하는 대목이다. 남성의 경우에는 '어떤 아내를 만나느냐'가 매우 중요하다. 현모양처형이 있는가 하면 중동의 사막에서 땀 흘려 번 돈, 월남 전쟁터에서 목숨 걸고 번 돈을 황당하게 날려버리는 아내도 있다.

반대로 남편 잘못 만난 여성의 경우도 물론 같을 것이다. 무능한 남편 대신 가장의 짐까지 지고 남편의 학대를 견디며 살아가는 이도 있다.

우리는 모두 성혼서약을 하고 결혼식을 올린다. "슬플 때나 괴로울 때나 병든 때나… 죽음이 서로를 갈라놓을 때까지… 변치 않을 것"을 맹세한다. 부부간의 사랑도 여러 형태이니 꼭 맞는 잣대를 들이댈 수는 없다. 평생의 동반자인데 가정에 금이 가는 상황이 온다는 것은 참으로 서글픈 일이다.

부부애란 무엇인가. 아름다운 로맨스만은 아닌 것 같다. 원래 인간은 홀로 완벽하지는 못하니 배우자를 가리켜 '더 좋은 반쪽(Better Half)'이 되라고 상호보완적 관계를 의무로 삼았다.

서양에서도 부부는 경제적 하나(Economical Oneness), 정신적 하나(Spiritual Oneness), 생체적 하나(Biological Oneness)를 이루는 것이 가장 이상적이라 강조하고 있다.

★ 양처를 얻는 자는 행복하다. - 소크라테스(그리스 철학자)

★ 선량한 남편은 양처를 만든다. - 버튼(영국 탐험가)

지금도 아내의 허영심을
키우고 있는가

과거에 여유롭게 살아온 사람들은 대부분 앞으로도 계속 그럴 것이라는 착각을 한다. 당신이 오늘의 현실을 직시하고 새로운 계획을 실행하지 못하는 이유가 혹시 '아내의 허영'에 있지는 않는가. 아내가 당신에게 분에 넘치는 큰 기대를 갖고, 잘나갈 때의 생활수준을 앞으로도 고집하고 있다면, 이는 분명 새 삶에 걸림돌이 된다.

아내의 주관사항인 자녀의 고액 과외비로 허리가 휘고 있지는 않는가. 경쟁적으로 치솟는 과외비가 보통 급여생활자의 월급보다 더 많은 경우도 많다. 아내가 "내 남편은 더 출세하고 계속 잘나가게 될 거야"라고 기대한다면 당신도 아내를 실망시키지 않기 위해 큰 부담감을 가질 것이다.

그리고 직장에서 후배에게 승진 순서가 밀리거나 진급 대열에서 제외되었을 때도 당신은 그런 사실을 아내에게 숨겼을 것이다. 이것은 매우 심각한 문제다.

'결혼'이란 무엇이며 아내는 누구인가. 프랑스의 유머에서 '결혼의 의미'를 상인이 보면 위험한 투기, 군인이 보면 30년 전쟁, 의사가 보면 열병(고열)이지만 곧 내려간다고 했다. 또 음악가가 보면 합창이 되는데 알토(여성 쪽)가 강하다. 일기예보관이 보면 맑은 후 흐림, 때때로 천둥번개, 부동산 업자가 보면 장기계약, 사업가가 보면 동업자로 본다는 말이 있다.

어떻든 아내는 평생의 반려자로 함께 살아가는 동지가 아닌가. 고민이 있다면 아내에게 망설이지 말고 있는 그대로 모두 털어놓고 말해야 한다. 오늘의 현실과 앞으로의 삶에 대해 의논하고 의견을 구해야 한다.

만에 하나, 그렇게 하지 못하고 아내를 실망시키지 않기 위해 계속해서 허영심을 조장하고 있다면 이는 심각한 문제다. 남자의 체면과 아내의 기대를 꺾지 않기 위해서 장래에 대해 "걱정하지 마, 내가 누구야"라고 호언장담을 한다면 훗날 실망하게 될 경우 어쩔 셈인가.

만일 아내가 당신의 진솔한 대화를 듣지 않고, 어려움이 닥칠지도 모르는 장래의 삶을 함께 하지 못할 거라면 어떻게 할 것인가. 그런 부부라면 차라리 헤어지는 게 좋지 않을까.

금전 문제도 그렇다. 가정의 재정을 투명하게 하고 아내와 의논해야 한다. 따로 관리하는 돈이 있어선 안 된다. 유리지갑을 가지라.

정년퇴직 후에 남은 인생을 어떻게 살아갈 것인지를 허심탄회하게 밝혀야 한다. 그 점에 대해 아내는 어떻게 생각하는지, 달리 좋은 의견이 있는지 경청하고 함께 결정해야 한다. 이럴 때 아내도 모두 털어놓고 의논하면 더더욱 좋은 해답을 얻을 수 있을 것이다. "백지장도 맞들면 낫다"는 말과 "외줄보다는 쌍겹줄이 더 강하다"는 금언을 다시 한 번 마음에 새겨야 한다.

★ 허영심은 과시욕과 상통한다. 허영심을 충족시키고 싶다는 욕구는 이성이나 상식보다도 강하다.

   – 요셉 주베르(프랑스 잠언가)

★ 허영심이 강한 사람은 남보다 뛰어나 보이고 싶다는 생각보다는 우수하다는 생각에 더 사로잡혀 있기 때문에 자기기만, 모략 등 어떤 수단도 가리지 않는다.

   – 니체(독일 철학자)

황혼이혼이
증가하는 이유

황혼이혼이 증가하는 세상이다. 이혼 사유도 갖가지다. 경제문제, 배우자의 외도, 폭력, 성격차이, 무관심, 가족홀대 등 수없이 많다. 일본이나 우리나라에서도 어떤 아내는 남편이 정년퇴직하는 그 다음 날 이혼서류를 제출하는 경우가 있다. 남편이 받는 퇴직금으로 재정 상태가 가장 좋을 때를 택한 것이다.

물론 그런 아내에게도 할 말은 있다. 50대에 이른 아내는 그 동안 가사는 물론 자녀 키우기, 노부모 모시기, 자녀 결혼준비 등으로 헌신해 왔다. 사업을 하거나 직장만 다니지 않았을 뿐 가사일에 '커리어 우먼'인 셈이다.

그런데 이제 나이 들어 좀 편하게 살려고 했더니 답답한 상황이 닥치자 돌파구를 찾게 되는 것이다. 누구나 노인이 되기 싫은 것처럼 아내도 마찬가지다. 언제까지나 할머니가 아닌 아줌마로 살기를 원한다. 편하고 즐거운 인생을 꿈꾸는 아내를 탓할 수만은 없다.

정년 후 출근하지 않는 남편은 매일 매일이 공휴일이다. 말하자면 '하루 놀고 하루 쉬는 것'이다. 아내가 보기에는 남편이 하루 종일 집에서 빈둥거리면서 평소에는 안 보이던 보기 싫은 모습도 자주 연출한다. 평생 가족들을 수발하며 살아왔는데 아이들도 떠나버리고 빈 둥지에 홀로 남은 어미새처럼 허탈한 터에, 나이 들어서 온종일 남편 수발로 날이 저무니, '나는 수발만 들기 위해 태어났나' 하는 자괴감도 든단다. 그러면서 인생이 허무하다는 생각과 함께 억울하다는 분노까지 치민다는 것이다.

한 조사에 의하면 한국의 50대 여성 중 37%가 '불행하다'는 통계가 나왔다. 10개국 중 가장 높은 비율(인도네시아는 17%)이다. 자신이 불행하다고 생각하니 "나는 누구이며 내 인생은 어디로 갔느냐"면서 심지어 야박한 계산까지도 한다는 것이다.

여자가 남자보다 평균수명이 7,8년 더 긴데 70~80세 되어 남자보다 7,8년 더 살면 무슨 의미가 있겠느냐, 그러니 위자료, 연금, 재산 분할로 50%를 받으려면 하루라도 빨리 '아직은 아줌마'일 때 받는 게 좋다고 생각하는 거다.

또 기왕에 그러려면 남편이 퇴직한 직후가 절호의 기회가 된다는 계산이다. 그래서 남편 퇴직 그 다음날 이혼절차를 밟는다는 거다. 남은 인생을 자유로이 살겠다는 의지의 표현이 아닐까. 혹시 다른 남성과 결혼하려는 속셈이 따로 있는지는 알 수 없지만.

혹시 배우자가
이혼을 요구하면

혹시라도 배우자가 이혼을 요구해 온다면 어떻게 할 것인가.

당신은 물론 이런 상황이 오지 않도록 미리미리 잘 조절하고 대처하고 있을 것이다. 그런데, 그런데 말이다. 만에 하나 아내가 이혼을 작심하고 행동에 옮기면 그땐 이미 심사숙고 끝에 나온 행동이니 더 이상 매달릴 필요도, 소용도 없다고 본다.

가정에 실금이 간 정도라면 서둘러 메꾸어서 전처럼 가정을 유지할 수도 있다. 하지만 완전히 깨어진 그릇이라면 다시 원형으로 복구할 수가 없지 않을까.

이혼하려는 부부에게 최대의 고민은 '이혼 후에 자녀가 겪을 고통'인데, 아내가 이 문제까지도 각오하고 이혼 결정을 내렸다면 당신이 어떤 설득과 회유를 하더라도 이미 때는 늦었다. 아내는 이미 '결혼재수' 또는 '결혼삼수'까지도 결심했는지 모른다.

당신에 대한 아내의 평가는 이미 '종결 처분' 된 셈이니 아예 깨끗이 받아들이는 게 좋다. 부부는 이 세상에서 '가장 가까운 남남' 이란 말이 있다. 어느 한쪽이 가깝게 지내기를 거부한다면 그 순간에 남남이 되고 마는 게 아닌가.

서울시가 발표한 '2010 서울 서베이 자료(통계청 자료 근거)' 에 의하면 "경우에 따라 이혼할 수 있다"는 의견이 남성 33.2%, 여성 38.5%로 나타났다. 여성이 남성보다 더 높다. 50세 이상 이혼 비중도 남편이 32.7%로 20년 전에 비해 4배, 아내가 22.4%로 6배나 증가하였다. 한편 "배우자에 만족한다"는 여성은 64.9%로 남성의 73.4%보다 낮다. 결혼생활의 만족도는 남성보다 여성이 떨어졌다.

이혼할 경우, 당신은 앞날의 집안일이 걱정되는가. 노후에 건강을 돌봐줄 사람이 필요해서 아내에게 매달려 볼 생각인가. 아니다. 상대방이 결론을 냈으면 쿨하게 받아들여라. 이혼 절차도 소송으로 하지 말고 합의이혼으로 하라. 소송을 하면 물적·정신적 고통이 따른다. 아내가 가사나 노약자 도우미가 아닌 이상, 얼마든지 필요한 인력을 고용할 수 있다. 또 더 나이가 들면 국가지원제도를 이용할 수도 있다.

이미 마음이 떠난 아내와 신경 쓰며 불편하게 여생을 사느니 마음 편하게 훌훌 털어버리고 남은 삶을 친구들과 친교를 넓히고 자유롭게 어울려 봉사활동과 의미 있는 일로 사회에 기여하며 살아라. 이것이 전향적인 삶이 아니겠는가.

소크라테스가 남긴 말이 생각난다. "악처와 사느니 차라리 사막에서 홀로 사는 게 더 낫다." 반대로 자기 인생의 걸림돌이 되는 남편을 가진 아내의 경우도 마찬가지가 될 것이다.

일본의 경우를 보자.

최근에는 결혼식이 아닌 이혼식을 준비하고 열어 주는 '이혼식 플래너'가 등장했단다. 이혼식은 레스토랑을 빌려서 진행된다. 이혼할 부부는 초대된 지인들 앞에서 이혼을 서약한다. 부부는 각자 이혼의 이유를 설명하고 마지막 인사를 곁들인다. 그리고 결혼시절을 담은 슬라이드 쇼도 진행한다. 마지막 순서는 결혼반지를 망치로 깨부수는 것으로 막을 내린다. 비용은 5만5천 엔(한국 돈으로 약 70여만 원).

이런 일을 직업으로 가진 사람의 주장도 일리가 있어 보인다. 그런 행사를 통하여 서로에게 고마움을 전하기도 하고 마음을 되돌린 경우도 있단다. 또 함께 했던 삶을 돌아보고 친지들의 충고도 들으면서 미래지향적으로 인생을 다시 설계할 수가 있기 때문이라니 말이다. 아직은 우리나라 정서에 맞지 않지만, 도저히 회복할 수 없는 결혼이라면 이런 방법도 전향적이지 않을까.

> ★ 불행한 결혼은 당사자 중의 한쪽이 연민의 마음으로 결정한 결혼이다. ─몬테롤랑(프랑스 작가)

가족 구성의
변화

50대는 새 가족이 탄생하는 시기다. 연로하신 부모는 돌아올 수 없는 먼 나라로 떠나고, 며느리와 사위가 생기는가 하면, 빠르면 손자 손녀들이 태어나기도 한다. 이를테면 가족 혁명의 시기다. 이런 과정에서 '생(生)과 사(死)의 교차'를 겪으며 죽음에 대한 두려움을 느낄 수도 있다.

거기에서 탈피하려면 어떻게 해야 할까. 달리 방법이 없다. 삶에 충실하면서 신앙을 갖는 것이 큰 도움이 된다.

50대로 접어들면 가족의 변화가 많이 생긴다. 자녀들은 대부분 대학생이 되고 좀 더 세월이 쌓이면 결혼하게 된다. 그리고 손자 손녀들도 탄생한다. 그러는 사이에 부모님은 한 분씩 세상을 떠나게 된다. 이런 과정을 거치면서 가장인 당신의 경제적 부담은 크게 증가한다.

경제적 부담뿐만 아니라 정신적으로도 기쁨과 슬픔이 교차하게 된다. 부모님의 별세는 슬픔이지만 자녀의 대학 입학과 결혼, 손자 손녀의 출생은 기쁨이 되기 때문이다. 자녀의 결혼은 아들이냐 딸이냐를 막론하고 식구 수가 줄어들게 되어 있다. 모두 분가해서 따로 살고 있으니 요즘은 아들이 결혼해도 식구가 늘었다고 볼 수 없고, 반면 딸이 시집을 갔으나 식구가 줄었다고 할 수도 없지 않은가.

자녀 교육을 잘 해야 함은 더 이상 재론할 필요도 없지만, 자녀의 결혼에서 각자의 배우자를 선택하는 문제는 매우 중요한 과제가 아닐 수 없다. 이 문제는 자녀에게 "알아서 하라"고 방임하지 말고 부모가 상당부분 간여해 줄 것을 권고한다.

우리 사회에서 1/3 이상이 이혼하는 이유가 배우자 선택 과정에서 성급하게, 또는 철없는 젊은이의 단독결정에서 비롯된다는 사실에 비추어 볼 때, 이는 아무리 강조해도 부족하다.

★ 어느 새든 자기 둥지를 가장 좋아한다.

– 고트그레이브(영국 문학가)

★ 아름다운 웃음은 가정의 태양이다. – 사커레이(영국 작가)

어깨 힘 빼고
맨얼굴로 대하라

가족에게는 있는 그대로의 모습을 보이는 게 편하다. 가족에게까지 스타플레이어로 살 필요는 없다.

남자는 대개 모든 사람에게 아니, 가족에게도 잘 보이려는 '스타의식'이 있다. 높은 자존심과 체면을 중시하기 때문이다. "다리가 썩어들어가는 데도 손가락으로는 킬리만자로의 눈 덮인 봉우리를 가리키는 게 남자다"란 말(2011.2.22 조선일보−김윤덕 기자 글)이 있다. 그래서 '폼생폼사'란 말까지 나왔다. 남이 인정해 주기를 바라다가 심지어는 '영웅시' 되려고 애를 쓰기도 한다.

장성으로 예편한 친구의 아내로부터 하소연을 들은 적이 있다. 집안에서도 늘 긴장상태로 지내는 남편에게 집안일을 부탁하면 화를 내기 일쑤고, 동네 반장 집에 좀 다녀오라고 하면 장군에게 그런 심부름을 시킨다고 거절한다는 것이다. 동사무소에도 안 간단다. 공무원이 티격대는 걸 보면 화가 치밀기 때문이란다. 자녀들에게도 체면을 따지고 자존심을 내세워서 훈시만 할 뿐, 살가운 대화가 전혀 없어서 늘 삭막한 분위기라고 했다.

누구나 50대 이전까지는 가족과 타인과 자신의 기대감으로 멋진 모습으로 뛰게 마련이다. 하지만 50대가 되면 있는 그대로 '맨얼굴'을 보이는 게 자연스럽고 친근감과 존경을 받게 된다. 따라서 자신도 즐거워진다. 그렇게 하지 않으면 부담감으로 늘 힘겨운 나날을 보내야 하기 때문이다.

제2의 인생을 맞이하는 당신이 계속해서 "와! 정말 멋지다"는 말을 듣기 위해 과거처럼 '파이팅 포즈'를 취한다는 것은 정말 쉽지 않은 일이다. 그러려면 얼마나 피곤하겠는가. 달관(達觀)의 나이에 접어드는 시기인데 굳이 그럴 필요가 있겠는가. 들에 핀 들국화처럼 남의 눈을 의식하지 말고 마음 편히 사는 게 좋지 않겠는가.

★ 왕이든 백성이든 자기 가정에서 평화를 발견하는 사람이 가장 행복한 사람이다. - 괴테(독일 작가)

가족에게
편지를 써 보라

당신은 혹시 가족에게 편지를 써 보았는가. 요즘은 휴대폰, 팩스, 이메일 등 컴퓨터 통신기술의 발달로 굳이 종이에다 편지를 쓰기도 참 어렵게 되었다. 그렇게 쓰는 사람도 없거니와 그럴 필요조차 없어 졌다. 하지만 손으로 편지를 쓰다 보면 쓰는 자신도 마음이 숙연해지 고 받는 이도 정색을 하게 마련이다.

가족에 대한 편지는 아무래도 일상적이 아닌, 특수한 경우에 쓰게 된다. 부끄러운 내용이지만 편지 쓸 때의 심정을 독자에게 알리고자 필자가 IMF 당시에 아내에게 썼던 편지 내용을 소개한다.

1997년, 온 나라를 휩쓸었던 경제 쓰나미로 말미암아 필자도 몹시 궁박한 상황에 놓이게 되어 이 사태를 어찌 처리해야 할지 막막하기 그지없었다. 너무 힘이 들어 생각다 못해 사태가 가라앉을 때까지 잠시 어디론가 잠적하고픈 생각이 간절했다.

외국행 비행기표를 사서 주머니 속에 넣고 다니던 어느 날 늦은 밤, 사무실에 홀로 앉아 아내에게 편지를 썼다. 공항에서 밤비행기로 떠나기 직전에 우체통에 넣으려고 봉투에 우표까지 붙였다. 편지는 모두 3통이었는데 요지는 각각 다음과 같았다. 편지 봉투 겉면에 쓴 번호는 사안별로 개봉해서 읽는 순서를 표시한 것이다. 요지는 아래와 같았다.

【봉투 1】

〈갑자기 말없이 떠나 미안하오.〉

얼굴을 마주하고는 차마 말하기가 어려워서 이 편지를 쓰게 되었으니 널리 이해하기 바라오. 당신도 알다시피 IMF사태로 나라 전체가 온통 비상사태이고 우리 회사도 파산상태에 처해 있소. 그 동안 자세한 얘기는 안 했지만 날마다 채권자들이 회사로 휘발유통까지 들고 찾아와 분신자살을 하겠다며 난리를 치니 너무 괴로워서 잠시 외국에 나가 있어야겠소.

행선지는 아직 정하지 못해 어디라고 말할 수 없고, 언제까지일지는 잘 모르겠으니 찾지 말고 내가 연락할 때까지 기다려요. 내게 시집와서 고생이 참 많구려. 어린 자식들을 잘 부탁하오. 무슨 일이 있더라도 애들 학교는 꼭 보내야 하오.

오늘 우리에게 닥친 환난을 잘 참고 견디다 보면 좋은 날이 꼭 오리가 믿소. 성서에도 "고통은 인내를, 인내는 연단을, 연단은 새 소망을 준다"고 했으니 힘들고 괴로울 때마다 기도하고 성경을 읽으며 마음을 다스리기 바라오. 주님이 함께 할 줄 믿어요.

【봉투 2】

〈생활비와 아이들 등록금이 필요할 때 열어 보시오.〉

○○○씨에게 전화해서 사정을 얘기하면 도와줄 거요. 전화번호는 XXX-XXXX. 차용증(금액은 백지로)과 부탁의 글을 함께 넣었으니 그 분에게 전달해요. 그리고 당신 직장 알아보는 건 잠시 보류해요. 지금 심정으로 어떻게 직장일을 할 수 있겠소? 애들이나 잘 보살펴 주시오.

【봉투 3】

〈집에 경매가 들어와 거처를 옮겨야 할 경우에 열어 보시오.〉

집이 경매되면 곧 집달리가 와서 강제로 집을 비우라고 할 거요. 그러면 당신과 애들도 충격을 받을 테니 미리 이사 갈 준비를 해요. ○○○씨에게 연락해서 방 한 칸짜리 월세로라도 얻게 도와달라고 해요. 아마 그 분은 힘 닿는 데까지 도와줄 거요. 전화번호는 XXX-XXXX. 차용증(금액은 백지로)과 부탁의 글을 넣어 두었으니 그 분에게 전달해요.

부디 낙심치 말고 힘내요.

이렇게 쓴 편지를 오래도록 안주머니에 넣고 다녔다. 시간이 흘러 봉투가 너덜거리면 다시 새 봉투로 바꾸곤 했다. 그러나 정작 떠나지는 못한 채 사태를 수습하느라 정신없이 뛰어다니다가 다시 생각해 보게 되었다. 어려움이 닥쳤다고 이런 식으로 도피를 한다면 회사와 사원들은 어찌 되는 것일까. 매우 비겁한 처신이 아닌가. 사리와 법에 따라 정정당당하게 정면 돌파하기로 결심하면서 결국 편지는 부치지 않았고 나중에 아내에게 전했다.

편지를 읽어 본 아내는 편지 쓸 때의 내 심정을 충분히 이해하면서도 그렇게 되었다면 삶이 너무 비참하지 않았겠느냐고 한탄했다. 그 편지가 내게 각오를 새롭게 했던 점은, 편지를 쓸 때의 비참했던 심경이 살아가는 과정의 '잠재위험신호'로 늘 밑바닥에 깔려 있게 되었다는 것이다. 준비하며 살지 않으면 언제든지 그런 편지를 다시 써야 할 상황이 올 수 있기 때문이다.

지금 당신에게 어떤 괴로움이 있는가. 가족에게 특별히 털어놓거나 당부할 말은 없는가. 그렇다면 숨기거나 말로 하지 말고 당신의 심정을 허심탄회하게 편지로 써서 우체통에 넣어 보라. 가족들은 오히려 감동과 기쁜 마음으로 당신을 이해할 것이며 당신에 대한 신뢰와 사랑은 더욱 깊어질 것이다.

우선 당신의 심경을 담아 아내에게 편지를 써 보면 어떨까? 자녀에게도 평소에 담아 두었던 당부의 말을 진솔하게 써 보라. 당신의 절절한 속마음을 알게 된 아내와 자녀는 감동과 함께 새로운 자세로 일상을 맞이할 것이다.

노후를 위한
발걸음

삶의 의미와 보람을 찾아서

노후를 위한 발걸음

돈의 필요성과
중요성

'10억 원이 없으면 당신의 노후는 찌질해진다.'

요즘 유행하는 보험회사의 '공포 마케팅' 카피 내용이다. 한때 교수 사회에서 '다섯 가지 소망'이란 말이 회자되었다. 지방에 있는 교수들은 "집은 작아도 좋고 자동차는 고급이 아니라도 좋다. 이 두 가지에다 헬스클럽과 골프장 회원권과 현금 5억 원이 있으면 더 이상 바랄 게 없다"고 했다. 그리고 서울에 있는 교수들은 네 가지 기본에 다 현금으로 10억 원을 원했다. 모두 자신들의 현재 상황이 그렇지 못하니 장래에 그렇게 되기를 소망한 것일 터이다.

요즘 어느 대학에서 교수월급으로 13만 원을 지급했다는 서글픈 뉴스가 보도되었다. 이런 상황에서 앞에 말한 교수들의 소망은 언제나 이루어질까?

현대 사회는 막말로 돈 없으면 죽는 세상이다. 돈이 없으면 입원은 물론 수술도 거절당하는 경우가 있다. 돈이 있으면 얼마나 편리한가. 또 하고 싶은 일을 대부분 다 할 수도 있다.

돈은 행복과 밀접한 관계가 있다. 돈이 없어서 겪는 불편함이 얼마나 크던가. 그뿐인가, 돈이 품위도 지켜 주는 세상이다.

50대는 일생에서 최고의 수입을 획득하는 시기다. 급여도 직위에 따라 큰 차이가 난다. 반면, 50대는 지출도 가장 많은 시기다. 늘어난 생활비에다 자녀 학비가 이만저만이 아니다. 50대 후반에 이르면 장성한 자녀의 결혼자금도 필요하게 된다.

40대까지는 무슨 일이든 일단 저지르고 뒤돌아보지 않기도 한다. 결과가 나쁘더라도 다시 일을 추진해 볼 수 있기 때문이다. 그러나 50대는 그럴 수가 없다. 하루해에 비유하면 50대는 오후 4시쯤이라고 할까. 따라서 '실패'란 있을 수도, 있어서도 안 되는 시점이다.

퇴직자 중에는 처음엔 오락삼아서 또는 일확천금을 노리고 퇴직금으로 경마나 노름판에 끼어드는 경우가 있다. 한심한 처사다. 퇴직금은 샐러리맨으로서 일생에 가장 큰 목돈을 받는 것이다. 복권에 당첨되기 전에는 다시 그런 큰돈을 받기는 어렵다.

당신이 평생을 직장에 몸 바쳐 일한 대가이니 바로 당신의 피와 땀이라고도 할 수 있다. 어찌 함부로 쓸 수 있겠는가. 그러니까 그 돈은 매우 신중하게 계획하고 엄중하게 사용해야 한다. 50대는 생각하는 것의 반은 일, 반은 '돈을 계산하는 시기'다. 그만큼 돈을 중요시해야만 한다.

돈에 대한
철학을 가지라

돈은 행복의 끈이 되기도 하지만, 정당성이 결여되면 악마가 되기도 한다. 돈이 궁하다고 검은 돈을 받으면 어찌 되는가. 예외 없이 사건이 되고 결국 교도소로 가지 않던가.

언론에 보도되는 뉴스의 30%는 부정에 빠진 사람들에 대한 얘기다. 고위공직자, 정치인, 기관장, 재벌, 회사간부 등 일반 시민들보다는 힘 있고 잘사는 사람들이 더 범죄를 저지른다. 욕망을 다스리지 못하기 때문이다.

돈이 필요하다고 검은 돈에 빠지면 지금까지 쌓아올린 공든 탑은 하루아침에 무너지고 실패자, 낙오자로 낙인찍히는 게 아닌가. 가난하지도 않은 그들이 왜 그리 되었을까.

돈에 대한 철학이 없기 때문이다.

인간의 욕망은 한이 없기 때문에 마음가짐이 필요하다. 내게 필요한 돈은 얼마인가. 용도는 무엇인가. 내게 필요한 돈은 내가 추구하는 의미와 보람 있는 목표를 달성하는 데 꼭 필요한 것인가.

이러한 문제의 답을 얻게 되면 돈에 대한 맹신이나 두려움에서 벗어나 '돈은 단지 돈일 뿐'이라는 사고를 갖게 될 것이다. 재산은 소유하되 그것 없이도 살 수 있다는 마음가짐이 필요하다.

돈에 너무 집착하지 말고 돈에 대한 분명한 철학을 가지라. 돈이 삶에 윤활유임은 분명하나 노예가 되면 비참해진다.

50대 이후의 삶을 어떻게 살아갈 것이냐를 놓고 생각해 보면 대부분 별 여유가 없을 것이다. 하지만 평소 가 보고 싶었던 곳에 여행을 가거나 손자 손녀에게 용돈이라도 줄 수 있다면 그래도 다행으로 여겨야 한다.

현대 사회의 생활여건과 소득수준에서 월수입 500만 원이면 일단 중산층이라고 할 수 있다. 수입이 많으면 많을수록 좋겠지만, 500만 원이 넘는다고 해서 행복지수가 증가하지는 않는다는 것이 사회학자의 분석 결과다. 따라서 돈 그 자체가 목적이어선 안 된다. '돈은 참 좋은 거지만 없으면 불편한 정도'로 알고 사는 게 편하다.

당신은 어떻게 할 것인가.

❖ 선현들의 가르침을 보자.

- 적은 소득이 의(義)를 겸하면 많은 소득이 불의를 겸한 것보다 낫다. −성서

- 너의 일상이 초라해 보인다고 탓하지 마라. −릴케

- 행복의 비결은 필요한 것을 얼마나 갖고 있느냐가 아니라 불필 요한 것에서 얼마나 자유로워지느냐에 있다. −법정스님

- 돈으로 살 수 없는 것들…

  돈으로 집은 살 수 있지만 가정은 살 수 없다.

  돈으로 지위는 살 수 있지만 존경은 살 수 없다.

  돈으로 침대는 살 수 있지만 잠은 살 수 없다.

  돈으로 약은 살 수 있지만 건강은 살 수 없다.

  돈으로 친구는 살 수 있지만 사랑은 살 수 없다.

★ 사람들은 게으르지 않다. 다만 무기력한 목표를 갖고 있을 뿐이다. 가슴을 뛰게 하지 않는 그런 목표 말이다.
 − 앤서니 라빈스(미국 카운슬러)

★ 일은 찾아서 하는 것이다. 자신이 만들어 내는 것이다. 남이 시킨 일만 하는 자는 잡일꾼이다. − 오다 노부나가(일본 무장)

남과 비교하지 마라
불행의 시초가 된다

원래 인간은 먹고, 입고, 잠잘 곳이 있으면 더 이상 바랄 게 없었다. 그런데 문명이 발달하고 즐거움과 편리함을 추구하면서 더 많은 것을 원하게 되었다. 라디오를 듣던 시대에서 텔레비전이 나오자 더 큰 컬러판을 찾게 되었고, 가구도 처음엔 기본 용도에 만족하다가 멋진 디자인을 찾다가 급기야는 이태리 수입품을 갖고 싶어 하게 되었다.

형님 집에서 제사를 지내고 돌아오는 날은 어김없이 부부싸움이 시작된다. 아내가 짜증 섞인 말투로 말한다.

"형님 집은 40인치 텔레비전에 으리으리한 이태리 가구가 놓여 있던데, 당신은 도대체 뭐 하는 거야?"

남편은 몹시 당황하고 자존심도 상하지만 일단 참고 말한다.

"우리도 조금만 더 참으면 그거 다 살 수 있어."

"그게 도대체 언제야. 작년에도 그렇게 말해놓고 지금도 마찬가지 아니야? 친구들이 오면 창피해 죽겠어. 내 팔자야!"

이쯤 되면 그날 저녁 늦게까지 싸움은 계속되고 서로 울화가 치밀어 잠도 설친다. 형님 집에 제사를 지내러 가지 않았으면 일어나지 않았을 싸움이 아닌가.

이런 싸움은 아내가 동창회에 다녀온 날이면 더 심해진다.

"김아무개는 하와이 여행을 다녀왔고, 박아무개는 50평짜리 아파트로 이사했다는데, 나는 미장원도 안 가고, 옷도 '남살롱(남대문 도매시장)' 것만 사 입으며 절약하는데 아직도 20평짜리 아파트에 살고 있으니 내가 시집을 잘못 왔지!"

아내의 신세타령을 들으면 남편은 의욕을 상실하면서 우울증과 좌절을 겪게 된다. 이건 정말 백해무익한 소모전이다.

문제는 '남과 비교'하면서 시작된다. 그래서 "비교는 불행의 시초"라는 격언이 있다. 또 "당신 자신을 남과 비교하지 마라. 이는 자신을 모욕하는 것이다"라는 말도 있다. 아내가 두고두고 남과 비교하면서 불행해 한다면 서둘러 설득과 이해를 시켜야 한다.

당신 부부가 가진 장점을 되새기면서 남들보다 더 행복한 이유를 찾아내야 한다. 아내도 처음부터 평생의 배필로 '당신'을 선택했고 '괴로우나 즐거우나 역경을 헤치며 백년해로' 하기로 하지 않았던가.

그렇게 선택한 것은 '돈보다는 당신이라는 한 인간'을 더 소중하게 여기고 사랑했기 때문이 아닌가. 또 만일 아내가 돈을 보고 다른 사람과 결혼했다면 그 가정에서는 항상 돈이 우선이고 사람은 뒷전이었을 것이다. 그것이 사람 사는 세상이 되겠는가.

아내가 아직 삶의 가치관을 세우지 못한 것 아닐까. 그렇다면 아내의 손을 잡고 조용히 이 말을 들려 주길 권한다.

"돈으로 결혼한 사람은 낮이 즐겁고, 육체로 결혼한 사람은 밤이 즐겁다. 그러나 마음으로 결혼한 사람은 밤낮이 즐겁다."

★ 결혼생활, 이 험난한 바다를 헤쳐 나가는 나침반은 아직
   발견되지 않았다. – 입센(노르웨이 작가)

★ 모든 연구 가운데 결혼에 대한 연구가 가장 뒤떨어져 있다.
   – 발자크(프랑스 작가)

새로운 친구를
만들어라

어떤 이는 "새 친구를 사귀기보다는 옛 친구를 잊지 말라"고 한다. 오래 묵은 친구가 된장처럼 깊은 맛이 있기 때문이란다. 맞는 말이다. 그러나 이것은 옛 친구의 소중함을 강조하는 것일 뿐, 다양한 삶을 위해서는 소극적인 말이다.

지금까지의 친구는 학교동창, 직장동료가 대부분이다. 이미 다 알고 지내는 처지다. 그러니까 더 넓은 세상을 폭넓게 알려면 새로운 친구를 만나야 된다. 앞에서 말한 '다나베 쇼이치' 씨의 "살면서 누구를 만나는가"의 중요성이 강조되는 대목이다.

새로운 친구를 만나는 일은 폭넓은 세상과 접촉하는 시발점이다. 다양한 채널을 통하여 새 얼굴들을 만나면 삶이 풍요로워진다. 필요한 정보를 얻게 되고, 우정이 돈독해지면서 새로운 일도 개척할 수 있는 계기가 마련되기도 한다.

남성의 일치된 성향은 뜻만 세우면 무슨 일이든 한다. 자존심이 강해서 "지금 어디에 근무하십니까?"라고 물으면 가슴을 펴고 당당하게 명함을 내밀 수 있는 직장을 선호한다.

그러나 상대방으로부터 동정은 받으려 하지 않는다. 친구 없는 세상이란 '별(星) 없는 사막'이나 다름없다. 좋은 친구, 내게 플러스가 되는 친구는 돈을 주고라도 사야 한다. 그리되면 당신이 퇴직해서 받은 마음의 상처와 후유증을 재빨리 치유하게 되고 새로운 용기와 자신감도 얻게 될 것이다.

❖ 새로운 친구 만들기 도전

그러기에 50대가 되면 의식적으로 교류 범위를 넓혀야 한다. 지금까지 당신은 동창들을 일 년에 몇 번 정도 만나고, 주로 직장 선후배, 동료들과 만나왔다. 술을 마시든 골프를 치든 바둑을 두든 등산을 하든 그래 왔다.

직장 상하 동료들만 만나면 어떤 현상이 벌어지는가. 등산모임, 바둑모임, 골프모임 등의 예를 들어보자. 바둑모임은 대개 일주일 간격으로 모인다. 대화 주제는 무엇인가.

직장동료들 모임은 아무래도 근무 당시의 계급과 질서가 있어서 은연중에 상하가 구분된다. 그리고 대화도 자연스럽게 과거의 상사가 독점한다. 말하자면 지난 과거의 자랑이나 투병, 사망 등의 내용이 전부다. '왕년에 내가…' 하는 식의 이야기가 반복될 뿐이니 생산

성은 전혀 없다.

　하루 빨리 그 세계에서 탈피하지 않으면 향후 발전을 기대하기 어렵다. 특히 지방에서 학교를 다닌 경우엔 더욱 중앙무대에서 활동하는 사람들을 만나야 그들의 사고와 삶의 자세를 엿보게 되고 당신도 발전할 수 있다.

　그럼 지금까지의 한정된 '샐러리맨 균질사회 범위'를 벗어나 새로운 친구를 만나려면 어떻게 해야 할까.

　우선 사정이 허락한다면 각 대학원의 특수과정을 들 수 있다. 신지식과 정보, 시대의 흐름을 배우면서 좋은 친구를 사귈 수 있는 장점이 많다.

　다음은 각종 사회단체를 생각해 볼 수 있다. 전문 직종별로도 단체가 많이 있고 봉사단체도 있다. 대표적 봉사단체로는 국제로타리클럽 한국지부, 라이온스 클럽 등이 있고 가깝게는 주거지역의 평생교육원(각 구청별), 심지어는 백화점에서도 교양과 취미를 가르치면서 커뮤니티를 만든다. 의지만 있으면 얼마든지 여러 프로그램에 참가할 기회가 있다.

　이렇게 새로운 세계로 들어가면 다양한 직종의 사람들을 폭넓게 만나게 된다. 분야별 전문가로는 변호사, 회계사, 예술가, 작가, 판사, 검사, 세무사, 의사로부터 기업 대표, 출판사 사장, 부동산중개사, 열관리사에 이어 제과점 사장, 초밥집 주인에 이르기까지 모든 직종을 망라하게 된다.

문제는 어떤 프로그램에 참여할 것이냐 하는 선택이 매우 중요하다. 이런 활동 역시 시간과 돈과 노력이 소모되는 것이니까 될 수 있으면 지식과 정보를 많이 얻고 또 좋은 친구를 많이 만날 수 있는 프로그램을 선택해야 도움이 된다.

❖ 새 친구를 사귈 때 주의할 점
첫째, 겸손해야 된다.

새 친구를 사귈 때 주의할 점은 당신의 자세다. 의연하되 거만해 보이면 치명타가 된다. 자기자랑이 심해도 안 된다. 요즘은 자기자랑을 길게 늘어놓으면 학생들도 교수를 싫어한다. 어디까지나 겸손하고 예의 바르게 처신하여야 한다.

둘째, 상대방에게 경의를 표시하여야 한다.

예를 들어보자. 일본의 유명한 저술가이자 방송인인 '스즈키 겐지(鈴木健二)' 씨는 평소 양복 윗저고리 안쪽 하단에 있는 담배와 라이터 넣는 작은 주머니 속에 명함을 넣고 다닌다. 첫 인사를 나눌 때 상대방보다 빨리 명함을 꺼내기 위해서. 사소한 것이지만 그만큼 상대방을 배려한다는 것이다. 이렇게 세심한 주의를 기울인 결과 새 친구 사귀는 데 큰 도움을 얻었다고 한다.

셋째, 신뢰의 통장잔고를 늘려라.

요즘은 모든 사람이 똑똑하다. 그러나 믿을 만한 사람은 드물다.

여러 단체나 모임에 가 보면 사업상 도움을 얻기 위해 참가하는 사람이 많다. 그래서 누구든 쉽게 믿으려 하지 않고 경계한다. 겸손한 자세, 상대방에 대한 배려, 상대방이 빚졌다는 생각이 들도록 진정성을 갖고 처신한다면 당신의 신뢰 통장잔고는 계속 늘어나게 되고, 어쩌다 한두 번 실수를 하더라도 상대방이 이해하려고 애쓴다.

이렇게 하면 상대방도 마음을 열고 다가온다. 그럴 때 당신은 또 한 사람의 '백년지기'를 얻게 되는 것이다. 그리고 여러 사람들로부터 받은 명함은 파일로 정리하여 관리하면 좋다. 당신이 50대가 끝나는 날까지 몇 날이 남았는지 계산해 보라. 그리고 계획과 일정을 세워 관리하라. 그래야만 발전할 수 있다.

❖ 노자(老子)의 '인간관계 5계명'
좋은 인간관계는 인생의 윤활유다.
1. 진실함이 없는 아름다운 말을 늘어놓지 마라.
   남의 비위를 맞추거나 추켜세우거나 감언이설하지 마라.
2. 말을 삼가라.
   말 많은 것보다 말 없는 게 성의를 보이게 한다. 말보다 태도로 나타내라.
3. 아는 체하지 마라.
   지혜 있는 자는 나타내지 않아도 남이 알아준다. 잠자코 있으면 50점은 된다는 격언이 옳다.

4. 돈에 너무 집착하지 마라.

　돈은 인생의 윤활유임에 틀림없다. 그러나 돈의 노예가 되는

　것은 안타까운 일이다.

5. 남과 다투지 마라.

　다투면 적을 만든다. 어떤 일에나 유연하게 대처하라.

　상대하기 어려운 사람과는 절대로 다투지 말라는 뜻의

　우스개 말이 있다.

　"개와 싸워서 지면 개보다 못한 사람이 되고,

　개와 싸워서 비기면 개 같은 사람이 되며,

　개와 싸워서 이기면 개보다 더한 사람이 된다."

★ 나는 진정한 성공은 세 가지 질문으로 압축된다고 생각한다.

　당신은 무엇을 간절히 원하는가? 당신이 간절히 원하는 것을

　얻기 위해 당신에게 필요한 것은 무엇인가? 당신은 그 대가를

　치를 용의가 있는가?

　－피터 매디슨(미국 탐험가)

50대의 덕목,
'권위형' 인품을 갖추라

50대는 크게 나누어 두 가지 타입이 있다.

하나는 '권위형'으로 성실 근면하다는 평과 함께 인품이 훌륭하다는 평판을 받는다. 따라서 그런 타입의 언행은 주위로부터 인정과 존경을 받는다.

또 하나는 '권력형'으로 도전과 열정을 불태우며 쉬지 않고 달린다. 때로는 좌충우돌하기도 하며 수단과 방법을 가리지 않고 다른 사람은 별로 생각지 않는다. 당신은 지금 어느 쪽에 속하는가.

당신도 알다시피 권력이란 조직이 주는 것으로서 국가, 정부, 기관, 자본 등이 갖고 있는 힘이다. 이것은 더 큰 권력을 창출하기도 하지만 반대의 경우에 정권이 무너지거나 조직이 깨지면 일순간에 잃게 된다. 자본이 갖는 권력도 돈이 없어지면 마찬가지다.

그러나 권위는 훌륭한 인간성과 희망, 지혜, 용기, 절제, 근면, 성실, 절약, 겸양, 선행, 관대, 기품, 철학, 종교, 도덕성, 사랑, 침묵, 어진 마음, 의로움, 예의, 유머 등을 두루 갖춘 사람에게서 생성되는 것이다. '화무십일홍(花無十日紅)'이란 격언대로 권력의 수명은 짧고 권위는 길고 오랜 것이다. 그렇다면 당신은 과연 어느 쪽을 선택할 것인가.

50대의 남성이 갖추어야 할 덕목은 바로 '권위형 요소'들이다.

50대부터는 '인격'이 사람됨을 말하는 연대다. 50대가 되면 무의식중에 다양한 덕목이 몸에 배어야 한다. 그래야 멋진 사람이 된다. 50대에는 가장 복잡한 인간관계를 맺게 되는데, 당신의 덕목이 타인에게 나타날 때 비로소 성숙하고도 빛나는 삶을 살게 되는 것이다. 이렇게 되면 80%는 이미 성공한 삶이다.

또 하나 빼놓을 수 없는 덕목은 바로 '중용(中庸)'이다. 매사 한쪽으로 치우치지 말아야 하고, 2분법적 사고방식이나 좋고 싫음을 극명하게 나타내면 덕(德)이 되지 못한다. 중용이란 '평등'이란 말로도 해석되지만 사람을 차별하지 않는 것도 달관(達觀)에 속한다. 이렇게 하면 자연스럽게 여러 사람으로부터 '신뢰'를 얻게 마련이니 당신 인생에 큰 플러스가 아닌가.

사람은 누구나 이름을 남기고 싶어 한다.

'유명한 사람'이 되고 싶은가, 아니면 '훌륭한 사람'이 되고 싶은가.

인류의 역사를 보더라도 여러 형태로 이름을 남긴 사람들이 있다. '히틀러'나 '알 카포네'처럼 나쁜 짓을 해서 악명을 남기는가 하면 '슈바이처' 박사나 '테레사' 수녀처럼 선한 삶으로 오래도록 기억되며 존경을 받는 사람도 많다.

히틀러와 알 카포네는 '유명한 사람'임에 틀림없다. 그러나 그의 이름을 듣는 순간, 사람들은 미간을 찡그린다. 그들은 권력과 돈과 무력의 힘으로 악한 일을 저질러 유명해졌다.

반면, 슈바이처와 테레사 수녀는 권력도 돈도 무기도 없이, 어찌 보면 가장 나약한 상태에서도 이 세상에서 가장 훌륭한 일을 해낸 분들로 이름을 남겼다. 이 분들의 삶에는 어느 누구도 감히 넘볼 수 없는 '권위'가 서려 있다. 그리고 모든 사람에게 '훌륭한 사람'으로 기억되고 있다.

당신은 어떻게 기억되기를 원하는가.

필자는 좋지 않은 일로 이름을 남기기보다는 훌륭한 사람으로 기억되기를 원한다. 하지만 내놓을 공적이 없으니 유명하거나 훌륭한 사람으로 기억되기를 바랄 수도 없다. 다만, 남들로부터 손가락질 받지 않고 '좋은 사람' 아니면 최소한 '괜찮은 사람' 정도라도 기억되기를 바라며 살아가고 있다.

잘나갈 때
조심하라

얼마 전 세상을 떠들썩하게 했던 한 여성이 펴낸 책 이야기로 또다시 세상이 소란스러웠다. 자신의 행동을 변명하는 내용과 유명 인사들과의 스캔들을 적나라하게 밝혀 놓았는데, 사람들이 한 마디씩 입방아를 찧어 댔으니 소문은 일파만파 번져나가고 입에서 입으로 전달될 때마다 내용이 부풀려졌을 것이다.

어쨌거나 분명한 점은 책에 나오는(내용의 사실 여부를 떠나) 인사들의 면면이 모두 '잘나갈 때' 그런 일들이 생겼다는 사실이다. 권력을 가졌거나 어느 분야의 정상에 서 있을 때 말이다.

지난 역사와 우리 주변을 봐도 잘나갈 때 정상에서 하루아침에 추락하거나 고통을 받는 경우를 수없이 보게 된다. 오늘 아침 신문에는 프랑스의 차기 대권주자로서 지지율이 무려 40%로 대선후보 1위를 달리던 IMF의 '도미니크 스트로스 칸' 총재 얘기가 실렸다. 호텔 여종업원에 대한 성폭행 미수죄로 체포되었다는데, 만일 유죄판결을 받는다면 무려 45년 징역형을 살게 될 예정이라니 듣기에도 민망스런 일이다.

미국 '케네디' 대통령은 정치가로서 정상에 있을 때 흉탄에 생명을 잃는 불행을 겪었고, IT분야의 세계적 인물인 '스티브 잡스'는 정상에 올라 한창 일할 나이에 뜻밖의 병마와 싸우고 있다.

골프 황제라는 별명을 가진 '타이거 우즈'는 어떤가. 순간의 실수로 가정과 명성을 하루아침에 잃고 말았다. 우리나라도 재벌들의 부침, 정치가, 공직자, 학자, 연예인 등 일일이 손꼽을 수 없을 만큼 많은 사람들이 정상에서 실패의 나락으로 떨어진 사례를 볼 수가 있다. 심지어 자살도 한다.

성경에도 깨달음을 주기 위한 흥미로운 사례가 나와 있다. 인류의 시조로 일컫는 '아담'은 지상낙원에서 아내 '이브'와 행복하게 살다가 아내의 꾐에 넘어가 선악과를 먹고 영원히 씻지 못할 죄를 짓게 된다. '삼손'은 천하장사로서 이스라엘 민족의 태양 같은 존재였는데 '드릴라'란 여자에게 빠져서 인생을 망친다. '다윗' 왕은 어떤가. 강대국을 건설하고 수많은 업적을 쌓으며 승승장구하던 중, 전쟁터에 나가 있는 부하(우레아)의 아내 '바세바'의 유혹을 뿌리치지 못하고 죄를 짓고 고통을 겪는다. 모두가 정상에 있을 때 일어난 실수와 사건들이다.

물론 이 사례들에서 병마나 저격(흉탄)에 의한 고통은 당사자 본인의 잘못과는 아무런 관계가 없다. 좀 더 주의를 기울여서 건강을 챙겼어야 했고, 저격사건이 나지 않도록 더 철저히 경호했었어야 했다. 문제는 본인의 실수에 의한 경우다. 작은 실수가 엄청난 결과를 가져와 인생을 그르치게 되니 말이다.

　　옛 선현들은 '치신이도(治身以道-도로써 자기관리에 힘쓰라)' 하라고 가르쳤다. 또 백범(白凡) 김구 선생은 '이신작칙(以身作則-자신이 먼저 모범을 보임으로써 여러 사람이 지켜야 할 준례를 만들라)'을 강조하였다. 그만큼 엄격하게 자신을 다스리라고 경고한 것이다. 이 가르침은 오늘날에도 큰 교훈이 아닐 수 없다.

★ 군자는 자신에게서 구하고 소인은 다른 사람에게서 구한다.
　- 공자(중국 유교의 시조)

취미와 낭만을
가꾸라

50대는 취미를 확장하는 마지막 연대다. 나이가 더 들면 의욕과 생체리듬도 떨어지고 활동하기도 쉽지 않다.

필자는 젊어서는 틈나는 대로 독서와 음악(클래식, 국악)감상에 심취했었고, 친구들과 어울려 더러 당구장, 볼링장도 가 보긴 했지만 실력은 보통 이하였다. 40대 들어서는 운동도 되고 사업상 필요하여 골프를 하게 되었지만 지금은 거의 접은 상태다. 바둑은 돌을 잡은 적이 없어서 먹통이고, 낚시는 눈먼 고기가 아니면 잡히지 않는다.

앞으로 시간이 나면 악기를 한 가지 배워 볼 생각인데, 60대에 접어들면서 악기를 배운다며 아코디언을 샀었다. 차일피일 미루다가 창고에 넣어 둔 채 10년도 더 지났으니 지금은 녹이 슬어서 버려야 할 것 같다. 나의 게으름 탓이다.

알다시피 취미는 삶의 윤활유다. 일과 취미를 잘 조화시키면 더없이 좋은 생활의 청량제가 될 것이다. 문제는 취미라는 명분으로 시작해 놓고 마약처럼 빠져들면 안 된다.

어떤 이의 경우는 이렇다. 평소에도 바둑에 취미가 있었지만 은퇴하면서는 아예 바둑이 일이고 생활이 되어 버렸다. 낮이고 밤이고 기원에 앉아 거기서 밥을 먹으며 바둑을 둔다. 집에 급한 일이라도 생기면 누가 데리러 가야만 온다. 요즘 흔한 휴대폰도 갖고 다니지 않기 때문이다. 그러다보니 건강도 나빠지고 가족 간의 불화도 깊어졌다. 이렇게 되면 취미가 아니라 중증 중독환자가 아닌가.

취미활동에서 버려야 할 점은 무엇일까. 혹시 노는 문화에 익숙하다면 다 버려야 한다. 사행성 게임(경마, 카지노, 화투치기, 경륜, 마작 등)이라든지, 건전한 게임일지라도 너무 몰입하는 건 좋지 않다.

또 바람직하지 않은 습관도 버려야 한다. 주량이나 횟수도 줄여야 하고, 운동 삼아 매일 출퇴근한다는 어느 선배의 카바레 출입도 내가 보기엔 바람직하지 않다(과연 운동이 되는지는 알 수 없지만). 낚시와 마작도 마찬가지다. 마치 생업처럼 몰두하는 건 이미 취미가 아니다.

하고 싶은 일은 지금 당장 시작하라. 노후의 꿈은 그림의 떡이 될 수 있다.

지금까지 당신은 가족과 일을 위해 하고 싶은 것도 참고 지내왔다. 정년을 앞두면 대개 나름대로 꿈을 갖는다. 노후에는 아내와 세계일

주 여행을 하겠다든지, 정년 후에는 매일 골프를 치겠다든지, 고향에 가서 낚시로 소일하겠다든지, 호주나 뉴질랜드에 가서 노후를 지내 겠다는 등의 꿈을 가지지만, 그대로 한 사람은 거의 없다. 살다보면 전혀 뜻밖의 일이 생기고 피치 못할 상황이 벌어지기 때문이다.

그러니까 이제라도 하고 싶은 일을 시작해야 한다. 안 그러면 마음 속에 그려오던 노후의 꿈은 영원히 그림의 떡이 될 것이다.

50대가 되면 취미에도 낭만이 있어야 삶이 풍요롭다.

가 보고 싶은 곳, 만나고 싶은 사람, 한 번 해 보고 싶었던 건 해야 한다. 취미와 낭만을 가꾸는 데도 시간과 돈이 들지만 '돈 그 자체' 가 취미와 낭만의 대상이 되어선 안 된다.

예를 들어 경마나 내기바둑, 화투, 포커 등은 게임 그 자체가 돈이 대상이고 목적이다. 카메라를 메고 계절 따라 나서는 여행, 음악을 들으며 산책길에 나서는 것, 그림 그리기 취미를 살려 고향집을 그려 보는 것, 친구들과 어울려 등산이나 운동을 하고 난 후 시원한 막걸 리 한잔에 정담을 나누는 것, 학창시절의 글짓기 실력을 가다듬어 글 쓰기 공부를 시작해 보면 어떨까.

이런 것들이 건전한 취미요 낭만이 아니겠는가.

당신이 실현하고 싶은 '자아(自我)'는 어떤 것인가.

여러 통계에도 나와 있지만 50대가 가장 간절히 원하는 것은 건강, 경제력, 봉사, 이 세 가지다. 말하자면 남은 인생에 이 세 가지를 삼

륜차에 싣고 멋지게 달려보려는 소망이다.

독일의 심리학자 매슬로(Maslow)의 '인간욕구 5단계' 이론을 보자.

당신은 이미 첫 단계인 생리(생존)적 욕구 , 둘째 단계인 안전의 욕구, 셋째 단계인 참여 욕구, 넷째 단계인 발전의 단계를 모두 이루었다. 남은 단계는 '자아의 실현' 뿐이다. 만일 당신에게 경제적 여유가 있다면 이루고 싶은 인생의 꿈을 좀 더 쉽게 이루어 낼 수 있을 것이다.

하지만 자녀교육과 결혼준비라는 과제가 남아 있고, 가족을 부양해야 하는 입장이라면 자신이 이루고 싶은 '자아' 만을 위해 책임을 피할 수는 없을 것이다.

자료 16 인간의 5단계 욕구

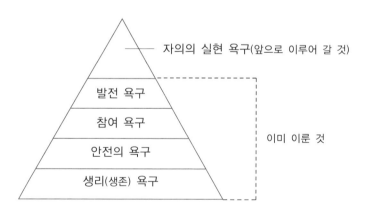

하지만 당신에게 제3의 인생은 철저하게 자기만족을 추구하는 삶이어야 바람직하다. 돌아보면 지난날은 아득할 뿐이다. 첩첩이 쌓인 높고 낮은 산, 깊은 강, 칼바람 부는 눈 덮인 저 언덕을 어떻게 헤치고 살아왔을까. 끈질긴 생명력이 스스로 대견할 것이다.

지금까지는 모범생으로 잘 살아왔으니 이제는 더 이상 남의 눈치는 보지 말고 소신에 따라 사는 게 행복하다.

'괴테'의 말을 빌리자. "우리 삶은 두 가지뿐이다. 하고 싶은데 할 수 없는 일과, 할 수 있는데 하지 않는 일이다."

당신은 어느 쪽인가. 어려서부터 가슴속에 담아 두었던 꿈이 있다면 바로 지금 꺼내서 실천할 때다. 남은 인생을 빨갛게 불태우듯 말이다. 셸리가 말했다. "세상은 꿈꾸는 자의 것"이라고.

★ 램프가 아직 붙타고 있을 때 인생을 즐겁게 보내라.
장미꽃이 시들기 전에 그것을 따라. - 우스테리(스위스 시인)

봉사하는
가치 있는 삶

　전문직 은퇴자들의 93.2%가 '사회에 봉사하고 싶어한다'는 결과가 나왔다. 오늘의 5,60대는 과거의 노인세대보다 학력도 높고 건강도 좋아서 봉사하는 기회가 주어지면 누군가의 도움이 필요한 사람들에게 단비를 뿌려 줄 수 있다.

　봉사의 형태는 재능기부(60.4%), 목욕봉사 등 소외계층 돌보기(22.5%), 물질적 기부봉사(14.5%)가 있다. 그러나 아직 사회적 인프라가 미흡하여 봉사의 대상과 방법을 쉽게 찾을 수 없다는 게 문제로 지적되었다.

　전문가의 경우는 기업의 고문직으로 취업하거나 사무실을 개설하고 컨설팅업에 종사하는 것 이외에 '전국경제인연합회 중소기업협력센터'의 봉사 프로그램을 통해 봉사할 수 있다. 자신의 분야별 전문성과 경륜, 노하우를 중소기업에 전수하는 것인데 소정의 실비를 받는다. 분야는 경영전략, 기술, 생산, 품질, 마케팅, 인사, 노무, 자금, 재무관리, 창업, 전산화 등 다양하다. (문의전화 02-6336-0611)

　필자의 경우는 국제로타리클럽 회원으로 활동하면서 장애자의 집, 무의탁노인 쉼터, 독거노인 방문, 소년소녀가장 돌보기 등에 참여하고 있다. 그 외 여러 방법으로도 봉사활동에 참가하고 있으나 물질적으로는 아직 마음의 표시 수준이다. 고령화 시대가 다가오면서 시니어들이 소외된 계층을 보살펴 주는 봉사의 길이 확대되기를 고대해 본다.

자료 17　전문직 은퇴자 봉사 욕구에 관한 자료

은퇴 후 봉사활동을 할 생각이 있나

있다
93.2%

없다
6.8%

가장 선호하는 봉사활동 형태는

재능기부
60.4%

소외계층 돌보는 일반적인 봉사활동
22.5%

물질적 기부
14.5%

봉사할 대상과 방법을 찾기 쉽다

그렇지 않다
53

단위
%

그렇다
47

전문지식과 기술을 봉사활동에 쉽게 활용할 수 있다

그렇지 않다
48.7

단위
%

그렇다
51.3

우리 사회는 봉사자에 충분히 존경과 감사를 표한다

그렇지 않다
65.5

단위
%

그렇다
34.5

* 조선일보와 삼성경제연구소가 함께 CEO급 기업인 351명을 여론 조사한 결과

건전한
신앙생활을 하라

쇼펜하우어는 "인생은 휴전 없이 끝없는 고통과 치르는 전투과정"
이라고 했다. 당신도 혹시 고통과 싸우며 길을 잃었는가. 그렇다면
신앙의 문을 두드려 보라.

대개 젊었을 때는 의욕과 자신감으로 신앙에의 접근이 잘 안 된다.
또 생활에 부족한 게 없을 때는 신앙에 대한 필요성을 느끼지 못한
다. 하지만 좌절과 고통, 불가항력적인 일을 당하면 자신도 모르게
'절대자'를 찾게 되고 스스로의 나약함을 절감하면서 신앙의 문을
두드리게 된다.

고대 로마 철학자 '세네카'(BC 4~65년)의 고백을 들어보자.

"신은 자신이 인정하고 사랑하는 자에게 역경을 주어 단련시키고
시험하면서 훈련시킨다. 불운을 당해 보지 않은 사람만큼 불행한 사
람은 없다. 불은 금을 단련하고 불행은 용감한 자를 단련시킨다."

역설적이긴 하지만 매우 설득력을 가진다.

필자도 젊어서는 '워커홀릭'이라 할 정도로 일만 했다. 일중독에 빠져 지내다가 56세 때인 1997년, IMF를 맞아 일생일대의 고난을 겪었다. 그 사태가 아무리 국가적인 실수요 불가항력적인 상황이라 할지라도, 한 기업의 입장에서 보면 결국은 경영자의 실수였고 분명한 실패였다. 책임져야 할 일이 너무도 많았기 때문이다.

그런 사태를 겪으면서 잃은 것도 많지만 얻은 것도 있다. 잃은 것은 재물과 신용이고, 얻은 것은 신앙생활을 시작하면서 겸허해지려고 노력하는 자세, 미미한 단계의 인간적 성숙, 신앙에의 근접 등이다.

필자가 사업에 실패하여 극심한 좌절에 빠졌을 때, 매일매일 소주병을 사들고 호젓한 산속에 홀로 앉아 종일 고민에 싸여 있었다. 가진 것과 빚을 아무리 계산해 봐도 빚이 몇 배나 더 많았다. 평생을 갚아도 부족할 것 같았다. 인간은 막다른 궁지에 몰리면 이성을 잃고 엉뚱한 생각을 하게 되나 보다. 빚은 채권자들이 내 집과 남은 재산을 경매하여 청산(부족한 대로)할 것이니 내 가족 문제가 남는다. 무일푼이니 어쩌면 좋을까. 아무리 궁리해 봐도 방법이 없었다.

그러던 어느 날, 매우 기발한(?) 생각이 떠올랐다. 가족들의 생계비와 아이들 대학까지 학비를 합하여 보험금액을 계산하고 생명보험에 가입하기로 했다. 그리고 가입일로부터 2주일 후쯤 경부고속도로에 차를 몰고 나갈 것이다. 시속 120km로 달리다가 반대편에서 달려오는 대형 트럭과 정면충돌한다. 그리되면 남은 가족들에게 보험회사가 보험금을 지급할 것이다. 가족들은 슬퍼하면서 내 명복을 빌겠지. 그래도 가족들의 최소한의 생계비와 학비는 해결되었으니 얼마나 다행인가, 하면서 안도의 숨을 쉬었다.

참으로 바보 같은 생각이었지만 그때로선 매우 근사하게 떠오른 아이디어였다. 하늘이 무너져도 솟아날 구멍은 있다고 안도의 숨까지 쉬면서 말이다.

보험 가입을 실행하려고 벼르던 어느 날 새벽 4시, 밤잠을 설치던 내 귀에 교회에서 울리는 새벽 종소리가 들렸다. 나도 모르게 이끌리어 종소리 나는 방향으로 교회를 찾아갔다. 마침 새벽기도회였다. 성서 기록을 주제로 한 목사님의 설교는 마치 나를 두고 하는 것 같았다.

"공중의 새를 보라. 심지도 않고 거두지도 않고 창고에 모아들이지도 않지만 너희 하느님께서 기르시나니 너희는 이것들보다 더 귀하지 아니하냐."

"무엇을 먹을까, 무엇을 입을까, 아무 염려 말라."

"천하를 주면 네 목숨과 바꾸겠느냐."

순간, 나는 정신이 번쩍 들었다. 그 동안 자신이 얼마나 허황된 생각에 빠졌었는지 참회의 눈물이 흘렀다. 그때부터 교회에 다니며 정신을 차렸다. 그리고 절대자의 위로와 격려와 새로운 소망을 얻고 굳세게, 바르게 살기로 결심하게 되었다.

종교를 갖되 사람을 현혹시키는 미신은 안 된다. 반드시 건전한 종교라야만 한다. 아인슈타인도 "종교 없는 과학은 독약이요, 과학 없는 종교는 맹신"이라고 한 것처럼 신앙의 선택도 신중하여야 된다.

지금 인생의 험한 들판에 서 있다면 신앙은 반드시 당신에게 위로와 격려와 새 소망을 줄 것이다. 성서(마태복음)에서는 "수고하고 무거운 짐 진 자들아, 다 내게로 오라. 내가 너를 쉬게 하리라"고 기록되어 있다. 철학자, 예술가, 문학가들도 '인생은 나그네 길'이라고 했다. 또 '산다는 것은 본향(本鄕)을 찾아가는 과정'이라고 하지 않던가. 그러니까 우리는 영혼의 닻을 내릴 안식처를 찾아야만 한다.

자료 18 직업별 평균 수명

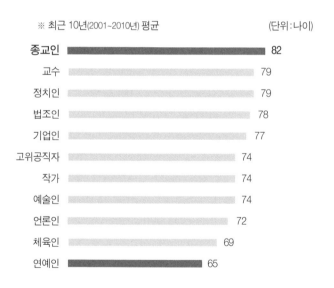

※ 최근 10년(2001~2010년) 평균   (단위 : 나이)

종교인	82
교수	79
정치인	79
법조인	78
기업인	77
고위공직자	74
작가	74
예술인	74
언론인	72
체육인	69
연예인	65

* 자료 : 김종인 원광대 보건복지학부 교수팀

50대가 즐거우면 80%는 성공한 것이다

50대가 즐거우면 80%는 성공한 것이다

남은 인생은 3악장으로, 마음의 여유를 가지라

50대의 과제는 건강, 경제활동, 보람 있는 일, 이 세 가지다.

경제활동은 소득을 얻는 일이고, 보람 있는 일이란 각자 '자아실현 목표'에 따라 다를 것이다. 아무튼 이제는 삶의 템포를 늦춰야 한다. 지금까지 당신도 50세 이전까지는 매우 빠른 템포로 살아왔다. 음악으로 치면 '알레그로'로 말이다.

하지만 앞으로는 '안단테(느리게)로 바꾸기를 권유한다. 50대는 나 자신을 찾으며 삶의 보람을 창조하는 시기다. 그러려면 좋은 인생을 만드는 '마음의 여유'부터 가져야 한다. 인생 최후의 순간에 "아! 내 인생은 행복했다"란 말을 남기고 싶다면.

요즘은 70이 한창때라고 하니까 50대면 아직은 젊다고 할지 모르겠으나, 이제는 일은 하되 좋아하는 일을 하고 너무 피곤하게는 하지 말아야 한다. 과거처럼 파이팅을 외치며 동분서주하면 피곤이 쌓이게 되고 몸도 쇠약해진다. 지금부터 불철주야 노력하여 재벌이 될 것인가, 아니면 대학자가 되겠는가. 그런 게 아니라면 자신에게 즐거운 일을 추구하는 것이 현명하다.

분(分) 초(秒)를 다투며 살아가는 현대인에게 심신의 여유는 필수과목이 되었다. 그러기에 '느리게 사는 게 아름답게 사는 길'이란 말이 유행어처럼 퍼지고 있다. 여건과 능력에 따라 자신이 하는 일에서 경제적 보상을 얻으면 금상첨화다.

놀 때는 바둑, 텔레비전 보기, 장기 등 지루하게 앉아서 하는 것보다는 동적으로 움직이는 운동이 좋다. 동적으로 움직이는 사람이 활기차고 혈색도 좋아지며 건강하게 된다.

중년에게는 원망, 후회, 복수심도 적이 된다.

중년기의 삶의 질에 대한 연구 결과를 보면, 이 시기에 가장 중요한 요소는 경제력과 안정된 가정, 그리고 원만한 가족관계라고 한다. 특히 한국인은 각종 스트레스에 시달리고 있는데, 마음속에 남아 있는 욕심, 집착, 의존심을 조절하여야 한다는 것이다. 또한 건강하게 살려면 원망, 후회, 복수심을 버려야 한다고 조언하고 있다(서울대-한국인간발달학회).

새로운 주거지를
생각해 보라

노후에 가장 중요한 것은, 무엇을 하며 누구(교제–친구의 범위)와 더불어 어떻게 살아갈 것인가를 정하는 것이다.

지금 어디에 살고 있는가. 아파트인가 개인주택인가. 출퇴근 시간은 얼마나 걸리는가. 자녀의 통학조건은 어떤가. 주변의 문화시설은 어떤가. 그리고 앞으로는 어디에 살 것인지 생각해 보았는가. 자신이 결정하는 바에 따라 도심으로 갈까, 고향으로 갈까, 해외로 갈까, 깊이 생각하게 된다.

몇 가지 유형을 생각해 보자.

- 도심으로 가려는 경우 : 퇴직 후 도심권에서 활동하며 교통도 편리하고 병원도 가까이 있는 것을 원한다. 또 자주 가는 맛있는 식당을 염두에 두기도 한다.

- 고향으로 가려는 경우 : 전원생활을 원하는 것이다. 고향에 돌아간다는 기쁨과 별장을 겸한 주택을 마련하고 농지가 있다면 건강을 위한 노동(운동)도 기꺼이 하겠다는 것이다. 봄이면 목련화 곱게 피는 언덕에 그림 같은 집을 짓고 손자 손녀들과 숨바꼭질하며 사는 꿈같은 생활을 그려 볼 수도 있다.

- 그러나 대부분은 도심에서 1시간 30분 이상 걸리는 아파트엔 살고 싶어 하지 않는다. 20년 전 그쪽으로 이사 갈 때는 그래도 내 집을 마련한다는 기쁨에 들떠 있었고 남들보다 성공한 직장인이었다. 애들 학교 다니기도 괜찮았고 직장 출퇴근도 좀 멀지만 그런대로 참을 만했다. 주변 환경도 괜찮은 편이었는데, 지금은 다른 지역보다 상대적으로 낙후되어 문화시설도 없는 변두리가 되었고, 지하철도 늘 만원이어서 콩나물시루 속 출근이 되어 버렸다. 그래서 이제는 더 이상 살고 싶지 않다는 것이다.

  요즘은 도심에서 가까운 곳에 면적은 좁지만 값싸게 살 수 있는 아파트가 늘고 있다. 그러니까 지금 살고 있는 통근 1시간 30분 걸리는 집을 팔고 다소 좁더라도 도심 가까운 집을 사는 게 좋을 것이다.

- 퇴직 후 해외이주가 늘고 있다. 요즘 동남아로 이주하는 사람이 늘고 있다. 정식으로 이민 가는 가구는 물론 국내외를 왕래하며 사는 경우도 많다. 동남아는 물가가 싸고 집값, 생활비가 저렴하여 편리하다고 한다. 한국과 계절이 반대인 호주에도 많이 진출하고 있다.

다른 나라 사람들의 경우를 보자.

영국인은 퇴직 후 포르투갈에, 미국인은 플로리다 또는 카리브 해로, 독일인과 스페인인은 이탈리아로, 반대로 이탈리아인은 스페인으로 이주한다. 포인트는 기후와 저렴한 물가를 이용하여 유유자적하는 생활을 추구하는 것이다. 우리도 한 번쯤 생각해 볼 일이다.

★ 평생의 즐거움은 있어도 하루의 근심은 없다.

 – 순자(중국 유학자)

★ 근심을 잊지 못하는 습성에서 벗어나라. 도박꾼이 본전을 찾으려다 더 큰 손해를 보듯, 근심을 잊지 못하는 습성은 회복하기 어려운 구덩이로 빠지게 한다.

 – 앤드류 카네기(미국 실업가)

고민도
선택해서 하라

안 해도 되는 고민으로 괴로워하는가. '노만 빈센트 필' 박사는 "문제가 없는 사람은 무덤에 묻힌 자들 뿐"이라고 했다. 누구나 크고 작은 문제와 고민을 안고 살아간다. 지구상에 고민과 갈등 없이 살아가는 이가 어디 있는가. 그러나 사람들은 "나 혼자만 극복할 수 없는 고민을 갖고 있다"고 착각하고 어두운 삶을 살아간다.

50대 샐러리맨 중에 스스로 생을 마감하는 이가 많다. 아무래도 삶의 중압감 때문일 것이다. 하지만 심리학자들은 자신의 목표에 대한 좌절감과 성취욕이 너무 강하기 때문이라고 진단한다. 욕망이 크면 좌절도 큰 법이다.

그렇다면 우선 목표치를 낮추어야 한다. 욕망은 갖되 정제된 것이어야 한다. 그러지 못하면 욕망의 노예가 되어 인생을 그르치기 십상이다. 어깨에 들어간 힘을 빼고 지나친 욕심을 버리면 자신의 분수를 지키게 되고 나름대로 행복한 삶이 될 수 있지 않을까.

걱정거리가 생기면 고민하기 전에 먼저 '분석'을 시작하라. 문제가 무엇인가. 왜 그런 걱정이 생겼는가. 원인은 무엇이며 해결책은 없는 것인가. 내게 오는 영향은 어느 정도인가를 생각해 보면 답이 나온다. 그 문제가 해결될 가능성이 있다면 집중해서 대책을 강구하고 행동한다.

그러나 해결책이 전혀 보이지 않는 것이라면 고민하지 않고 과감히 버려라. 이렇게 하면 좀 더 편안하게 살 수 있을 것이다.

직장상사의 좋은 평가, 조직에서의 두각, 높게 잡은 목표를 달성하기 위해 생각하고 행동하는 것은 직장인이 겪어야 할 과정임에 틀림없다. 문제는 지나치게 고민하여 물불을 가리지 않고 전투하듯 긴장 속에 빠져들면 바로 비정상이란 얘기다.

만일 직장상사의 닦달이 심해서 죽고 싶을 정도로 고민이 된다면 상사에게 "그렇게 못하겠으니 사표를 내겠다"고 말하라. 요즘은 직장상사도 "못하면 자르겠다"고는 말하지 않는다. 그래도 해결이 안되면 사표를 내고 새 길을 찾아라. 이것이 나의 충고다. 그런 고민 따위로 고귀한 생명을 버릴 것인가.

'지나친 욕심은 죄를 잉태하고 죄는 사망에 이르게 한다'는 성서의 교훈이 새롭다.

지금 방황하고 있는가,
길은 반드시 있다

정년이 아닌 '실직'인 경우 그 막막함을 어떻게 표현할까. 1997년, 우리나라에 해일처럼 밀려 왔던 '경제 쓰나미' IMF사태를 떠올려 보자. 당시 직장에 다니다가 하루아침에 실직당한 수많은 가장들의 축 처진 어깨를 잊을 수가 없다.

켜켜이 쌓인 피로 속에
수줍게 숨어 있는 초라한 나의 초상
나는 서럽게 울었다
찬바람이 부는 12월 베란다에서
허공을 향해 소리 없이 울었다.

직장을 잃은 어느 가장의 눈물겨운 글이다. 지난날 필자도 나의 의사와는 전혀 관계없이 강제로 실직당한 적이 있다. 나이 어린 두 딸과 어머님까지 모시던 시절이었다. 막막하기 그지없었다. 당장 생계를 위협받게 되니 그야말로 더운밥 찬밥 가릴 겨를이 없었다.

고민을 거듭하다가 용기를 냈다. 낮에는 아는 사람에게 부탁하여 서류관련 용역을 맡고, 저녁엔 학원강사로 뛰었다. 밤 10시에 돌아오면 늦은 저녁을 먹은 후 기관지 교정지를 받아다 새벽 2시까지 일했다. 말하자면 하루 3가지 일을 해서 가족의 생계를 유지했다.

문제는 용기와 노력이 아닐까. '간절하게 구하면 반드시 얻는다'는 것이 나의 경험이다. 물론 구체적 목표와 실행이 전제 조건이다. 힘을 내라. 그리고 담대하라. 성서에 기록된 대로 "환난 중에 참으며 소망 중에 즐거워"하라.

물론 바라는 것을 얻으려면 고통이 따른다. 서양 격언에 "고통 없이는 얻는 것도 없다(No pain No Gains)"라는 격언도 있지만, 지나친 걱정은 건강에 해로울 뿐이다.

삶에는 언제나 굴곡이 있게 마련 아니던가. 인생의 굴곡 그래프는 늘 오르고 내리는 게 우리 경험법칙이다. 앞에서 그려본 당신의 인생 그래프에서도 보지 않았는가.

필자도 지금까지 지나온 날들을 돌이켜보면 별다른 뾰족한 수가 있었던 건 아니다. 다만(평범하지만) 행운을 바라거나 감나무 밑에 누워 감 떨어지기를 기다리지 않고 부지런하게 살았다는 것뿐이다.

이 얼마나 치열한 삶의 현장인가.

먹고사는 문제로 고민하는가.

남자는 결혼하면 우선 가족의 생계를 어떻게 꾸려갈지를 제일 먼저 생각하고 당연한 의무로 여긴다. 더욱이 50대는 여러 가족의 생활비, 자녀 학비와 결혼 준비, 부모 모시기 등으로 어깨가 무겁다. 그것이 자신의 책임이기 때문이다. 다행히 어느 분야의 전문성이 있어서 언제 어디를 가도 바로 일자리를 구할 수 있다면 가족 생활비 문제는 해결되니까 축복받은 셈이다.

하지만 당신도 이미 경험했다시피 하기 싫은 일을 억지로 하면 절대로 능률이 오르지 않는다. 오로지 먹고 살기 위해서 하기 싫어도 억지로 하는 일 이외에는, 앞으로 남은 인생을 소 도살장 끌려가듯 하며 일할 필요가 있겠는가. 당신의 인격과 재능을 발휘한다면 적성에 맞는 일, 밝은 미래를 약속하는 일도 얼마든지 찾아낼 수 있을 것이다.

지난 49년 동안 쌓아온 인격과 경륜이 50대에 실현된다면, 당신은 신뢰와 존경 속에서 행복한 60대를 맞이할 토대를 쌓을 수 있다.

요즘은 어떻게든 먹는 건 해결된다. 그만큼 먹고 사는 환경이 좋아졌고 일자리도 다양해졌기 때문이다. 눈높이를 낮추고 건강하기만 하면 각종 공사현장, 문화재 안내에도 일손이 부족하고, 중소기업에 가면 각자의 기능과 능력에 따라 할 일을 찾을 수 있디. 큰 수입은 얻지 못하더라도 가족의 생계는 해결될 것이다.

필자도 어려서부터 고생을 무척 많이 했다. 고생한 내용으로 따져 보면 둘째가라면 서러울 정도다. 청렴한 학교장이셨던 아버지는 아무것도 남겨놓지 않고 일찍 돌아가셨다. 그때부터 나는 늘 백척간두에 서 있는 상황이었다. 일곱 살에 아버지를 여의고 초등학교 1학년부터 서울로 유학(?)하여 학업을 마칠 때까지 길고 긴 고난의 행군을 계속했다.

중학교 때는 신문을 배달했는데, 통행금지가 있던 시절이어서 새벽 3시 반에 일어나 서울 약수동에서 신문사가 있던 소공동까지 가려면 뛰어가는 수밖에 없었다. 그때는 겨울철 기온이 영하 20도를 오르내렸는데 얇은 내의에다 교복만 입고 추위를 가르며 새벽길을 내달리면 춥다는 생각보다는 오히려 각오가 더 새로워지곤 했다.

신문배달로 3시간 동안 이 골목 저 골목을 달리다 보면 등교시간이 되곤 했다. 고등학교, 대학 때는 입주형 가정교사로 생활비와 등록금을 동시에 해결했다. 거처를 옮길 때는 책가방과 이불 하나만 싸들고 버스에 오르면 '이사 끝'이었다. 그 시절 나의 지상 최대 과제는 생활비와 등록금 마련이었다.

그리고 시골에 계신 홀어머니를 늘 걱정하며 외롭고 힘들게 살아야 했으니 그야말로 사고무친(四顧無親)이었다. 아버지는 돌아가실 때 단돈 1원도 남기지 않았기에 자식으로 하여금 바랭이풀처럼 강인하게 살게 만들었다. 이런 환경에서 살다보니 자신도 모르게 '스스로 살아남는 방법'을 찾게 되었고, 정신적으로 늘 무장할 수밖에 없었으며, 그런 자세가 몸에 배게 되었다.

학업을 마친 뒤에도 여러 학교를 다니며 신학문의 흐름을 익히고 또 많은 친구를 사귀었다. 30여 년 전, 직장을 다닐 때에는 국가자격인 '경영지도사' 시험 준비를 위해 퇴근 후 매일 새벽 2시까지 1년간 몰두했다. 다행히 시험에 합격되어 훗날 연구원을 설립하여 인재를 양성하고 경영컨설팅 회사를 경영하는 토대가 되었고, 또한 살아오는 동안 여러 고비마다 생활의 방편이 되기도 했다.

이제 돌이켜보면 어려서부터 그토록 힘겨운 삶을 버텨 낼 수 있었던 것은 환난을 겪으면서도 소망을 갖고 노력하면 반드시 길이 열린다는 확신을 갖고 내일을 바라보았기 때문이었다.

★ 소망은 사람을 성공으로 이끄는 신앙이다.
희망이 없으면 아무것도 성취할 수 없다.
– 헬렌켈러(미국 사회사업가)

★ 기회는 모든 노력의 최상의 선장이다.
– 소포클레스(그리스 극작가)

베이비붐 세대
은퇴 준비 5원칙

이제 곧 평균수명 100세 시대에 대한 준비를 해야 한다. 자산도 위험성이 높은 것은 안전성 위주로 옮기고, 자식의 미래보다는 자신의 미래를 더 생각해야 한다. 또 은퇴 전에 어떤 일을 했든, 눈높이와 기대수준을 낮추고, 건강을 위한 운동에 힘써야 한다.

【베이비붐 세대 은퇴 준비 5원칙】

1. 100세까지 살 것으로 생각하라.
2. 주식 비중은 줄이고 예금, 채권 비중은 늘리라.
3. 자식에 올인하지 말고 자기 미래에 투자하라.
4. 기대수준을 낮추라.
5. 운동, 건강검진 등으로 건강을 유지하라.

지금 리셋 버튼을 누르고
신들메를 고쳐 매라

먼저 인생을 새롭게 살아가겠다는 강력한 의지가 필요하다. 현재 상황에 대한 인벤토리와 리셋이 잘 안 된다면 당신은 현실 직시가 안 되는 사람이다. 긍정적 또는 낙천적(?)이란 핑계를 달아 그야말로 "내일 일은 나 몰라요" 하는 스타일이다.

청년시절의 꿈이 아직도 이루어지지 않았다면, 일단 무엇이 부족했는지를 되돌아보아야 한다. 목표했던 '과녁'에 왜 화살이 적중되지 않았는지, 화살을 어디에 어떻게 쏘았는지 말이다.

20대, 30대, 40대까지는 실수로, 또는 아직 부족해서 자신의 꿈을 이루지 못했다고 치자. 그러나 50대가 되어서도 못 이루었다면 문제가 있는 것 아닌가. 이제라도 '과녁에 적중' 시킬 길은 없는 것일까.

방법은 단 한 가지가 있다. 바로 '리셋 버튼'을 힘차게 누르면서 신들메를 고쳐 매는 것이다.

잘 알겠지만 영어로 "꿈은 어디에도 없다(Dream is Nowhere)"에서 'Nowhere'를 'Now-here'로 고쳐 쓰면 '지금 여기에'가 된다. 부정이 긍정으로 변한다. 과녁을 응시하며 된다는 확신을 가지고 자세를 가다듬어 힘차게 화살을 당기는 것이다.

'리셋 버튼'을 눌러 보았는가. 상황이 복잡하고 앞날이 막막하면 선배의 경우를 벤치마킹하는 게 효과적이다. 학교선배 또는 직장선배의 경우는 당신과 흡사한 환경과 조건에서 어떻게 인생 후반을 개척했는지, 좋은 관찰대상이 된다.

예를 들어 당신의 직장선배가 잘 나갈 때는 언제였는가. 40대였는가, 아니면 50대였는가. 어쩌면 지금의 당신 나이였을지도 모른다. 지금 그 선배는 어떤가. 어떤 입장에서 무슨 일을 하고 있는가. 주위 평가는 어떤가. 그 선배가 퇴직하는 날, 회식자리에는 몇 명이 모였는가. 혹시 당신을 포함해서 3명만 모이진 않았는가. 그토록 쓸쓸한 자리에서 당신이 느끼는 것은 무엇인가.

한편, 다른 선배는 퇴직할 때 수많은 직장동료들이 모여서 위로와 격려로 성황을 이루었다. 그 선배는 평소에도 친밀감과 배려하는 자세로 동료들로부터 인기가 높았다. 업무추진 능력도 우수하여 회사에 많은 기여를 했다. 늘 진취적이고 전향적인 계획을 갖고 있었다. 그리고 다른 회사로 전직할 곳도 이미 결정된 상태였다. 두 선배의 경우에서 무엇을 깨닫는가. 당신이 가야 할 길이 보일 것이다.

마지막에 "아! 내 인생은 행복했다"라는 말을 남기고 싶은가. 그렇게 하려면 결국 내가 살아가는 동안 해야 할 일과 하지 말아야 할 일을 수시로 인벤토리 하는 것이다. 그렇게 해 보면 앞으로 남은 2,30년의 세월에서 적극적으로 해야 할 일은 무엇이고 버려야 할 일은 무엇인지 구별이 된다.

적극적으로 해야 할 일은 어떤 것일까. 예를 들면, 건강을 위한 운동, 새로운 일(직장)을 위한 노력, 자산관리를 위한 정보수집과 투자교육 참가, 새 친구 사귀기 등이 '플러스 카테고리'가 될 것이다.

남은 반생을 위해 새 좌우명을 마음판에 새기라.

당신이 지금까지 살아오는 동안도 수많은 가시밭길이 있었을 것이다. 나라 안팎이 잠시도 편한 날이 없이 각종 사건 사고로 얼룩지니 그 속에서 살아가는 개개인의 삶 또한 고난의 연속이다. 휴전 없는 고통과의 전쟁은 앞으로도 계속될 것이다.

고통이 삶의 필수품이라고 해서 목청을 높여 "왜 이렇게 살기가 힘든가"라고 소리쳐 봤자 소용없다. 내게 닥치는 고난을 과연 누가 발 벗고 나서서 해결해 줄 것인가. 자기 자신밖에 없지 않았던가. 혹시라도 남이 만들어 주는 행복이란 늘 불확실하고 일시적이며 착각일 수밖에 없다.

아놀드 토인비가 말한 대로 "인류의 역사는 도전(Challenge)과 응

전(Response)의 역사"가 아닌가.

산다는 것은 수없이 다가오는 문제와 고통에 어떻게 대응하느냐에 달려 있다. 세상이 아무리 험난하더라도 우리는 살아내야만 한다. 그리고 잘 살아야 한다. 왕복 티켓 없는 일회성 삶이 아니던가. 낙오되지 않고 잘 살려면 어떻게 해야 할까. 결론은 자신의 삶에 대한 정신과 자세에 달려 있다.

필자도 마음이 나약해지고 자세가 흐트러질 때에는 한승헌 선생님(민주화, 인권운동의 대부. 감사원장 역임. 변호사)의 시(詩)를 암송한다. "이제 우리에게 메시아는 없다. 쓰고 지우고 다시 새기는 당신의 노래가 오늘이 되게, 내일이 되게 하라"는 메시지(여기서 '메시아'는 종교적인 풀이로만 볼 것은 아니다)를 마음에 새기며 자세를 가다듬곤 한다.

결국 자신의 인생무대는 자신이 설치해야 하고 주연과 감독 또한 스스로 해 나갈 수밖에 없지 않은가. 거기에다 자신에게 다가올 좋은 기회를 위하여 항상 준비하는 자세가 필수다. "기회는 나는 새와 같다"고 한 시룰레루의 시가 감명 깊다.

당신은 어떤 악보를 갖고 사는가?

인도의 간디는 "인간은 각자 자기 나름대로의 악보를 갖고 살아간다. 어떤 악보를 갖고 있느냐에 따라 인생이 달라진다"고 했다. 당신은 어떤 악보를 갖고 사는가. 파도에 휩쓸려 바위 꼭대기로 올려진 바다가재를 보자. 보는 이의 십중팔구는 틀림없이 말라 죽는다고

어떤 악보를 갖고 있느냐에 따라 우리 인생이 달라진다.

생각할 것이다.

그러나 가재는 끊임없이 몸을 굴려 바다 쪽으로 기어들어간다. 말라죽은 가재는 한 마리도 없다. 살아남으려는 소망과 의지, 노력의 결과다. 당신이 부를 노래가사에는 정신과 자세를 담고, 멜로디는 장엄하고도 씩씩하면 좋지 않을까. 평소에 당신이 부르는 악보가 없다면 이제라도 한 곡 만들어 보라.

★ 성공은 마법도 신비도 아니다. 성공은 지속적인 기본원칙 적용의 자연스러운 결과다. -짐 론(미국 철학자)

★ 당신의 과거는 중요하다. 왜냐하면 오늘 당신이 서 있는 자리는 바로 당신의 과거에 의해서 결정된 것이기 때문이다. 그러나 그보다도 더 중요한 것은 바로 당신이 미래를 어떻게 보느냐다.

　　－ 토니 캠폴로(미국 작가)

100세 시대의
라이프 디자인

나이 들어 노인이 되더라도 가장 중요한 것은 "끊임없는 도전정신과 꿈을 갖고 늘 물음표를 던지는 것"이라고 선배들은 조언한다.

물론 남은 인생을 위해 조목조목 항목별로 설계를 하여야 한다. 다만, 밑바탕에 삶의 정신과 자세가 깔려야 한다는 것이다.

살다보면 기능이 중요하지만 그보다 중요한 것은 정신이고 그보다 더 중요한 것은 삶의 자세다.

이것을 부등호로 표시하면 기능<정신<자세가 된다.

나이와 관계없이 자신의 뜻을 펼친 인물들을 살펴보자.

- 세계적인 재벌이었던 앤드류 카네기의 사무실에는 노젓는 작은 배 한 척의 그림이 걸려 있었다고 한다. "밀물이 오면 다시 바다

로 노를 저어 나가겠다"는 의지의 표현일 것이다. 뭔가를 이루어 낸 인물들은 모두 강한 의지를 갖고 실천한 경우다.

- 인천상륙작전을 지휘한 맥아더 장군은 그때 나이가 70대였는데, 이런 유명한 말을 남겼다. "노병은 죽지 않는다. 다만 사라질 뿐이다"라고.
- 세기의 명작 〈파우스트〉를 쓴 괴테는 80세에 그 작품을 완성하였다.

버킷리스트(죽기 전에 꼭 하고 싶은 것들)를 작성해 보라.

10가지 또는 50가지, 그 이상도 나올 수 있다. 그 중에서 우선순위를 정하되 당신이 처한 상황에 따라 정해야 한다. 하고 싶은 게 너무 많으면 아무것도 못하는 수가 있다. 사냥에서도 잡아야 할 토끼가 너무 많으면 한 마리도 못 잡는 것처럼 말이다.

먼저 한두 가지 정도를 골라서 시간을 배분하고 시작부터 하면 효과적이다. '시작이 반'이란 격언이 여기에도 꼭 맞는다.

우리는 꿈과 희망이 삶의 원동력이 된다는 진리를 깨달으며 살고 있다. 그러기에 '셸리'는 "세상은 꿈꾸는 자의 것…이라고 하지 않았던가.

세월은 누구에게나 공평하게 주어진 자본금이다. 이 자본을 어떻게 잘 사용하느냐에 따라 성공적인 삶이 결정된다. 지금까지 당신은 참 잘해 왔다. 앞으로도 잘할 줄 믿으며 멋진 제3의 인생이 펼쳐지기를 기원하는 마음 간절하다.

순위	버킷 리스트	비고

우리에게 언제나 감동을 주는 '사무엘 울만'의 시(詩)를 다시 한 번 음미하면서 우리의 살아가는 모습을 그려보자.

청춘(靑春)

청춘은
인생의 나이가 아니라 마음의 나이다.
장밋빛 뺨과 붉은 입술과 유연한 몸매가 아니라
강인한 의지와 풍부한 상상력과
깊고 깊은 인생의 샘에서
용출되는 신선함이다.

청춘은
용기 잃은 정신이 아니라
거창한 사랑을 위해 뛰어드는
용기와 모험 속에 있는 것이다.

용기 없는 20세는 노인이다.
용기 있는 60세는 청춘이다.
나이를 먹었다고 해서 사람이 늙지 않는다.
꿈을 잃었을 때 비로소 늙는다.

세월이 주름살을 더 늘리지만

정열을 잃어버린 정신은 주름살투성이가 된다.

고민과 공포와 자해가 정신을 고사시켜

쓰레기로 만든다.

누구에게나 중요한 것은 감동하는 마음과

다음이 무엇일까 눈망울 반짝이는

어린이 같은 호기심과

가슴 졸이며 미지의 인생에 도전하는 희열이다.

눈을 감고 생각해 보자.

당신 마음속에 있는 무선기지를

푸른 하늘 높이 솟아 반짝이는 수많은 안테나,

그 안테나가 수신할 것이다.

위대한 사람의 메시지와 숭고한 대자연의 메시지

세계가 얼마나 아름답고 경이로움이 많은가를.

살아 있다는 것이 얼마나 멋있는 것인가!

용기와 희망과 미소를 잃지 않고

생명의 메시지를 계속 수신하는 한,

당신은 언제나 청년이다.

만약에 당신 마음의 안테나가 쓰러져

눈과 같이 차가운 냉소와

얼음과 같이 굳어진 실망에 뒤덮이면

설사 20세 나이일지라도

당신은 틀림없는 노인이다.

그러나 당신의 안테나가

생명의 메시지를 쉬지 않고 수신하는 동안

설사 80의 나이일지라도

당신은 언제나 청춘이다.

청춘은

젊은 육체 속에 있는 것이 아니라

젊은 정신 속에 있는 것이다.

– Youth / Samuel Ul man

그리고 그 다음

부족한 원고를 탈고하자 지리한 장마와 무더위가 기다리고 있습니다. 인간의 힘으로는 어쩔 수 없는 자연의 섭리이니 잘 극복해 낼 수밖에 없겠지요. 우리가 살아가는 인생길에도 삶의 필수과목처럼 찾아오는 수많은 역경과 도전이 있으니 이 또한 슬기롭게 헤쳐 나아갈 수밖에 없겠습니다.

이탈리아 어느 대학의 교훈은 'And next(그리고 그 다음)' 입니다.

부유한 할머니가 전 재산을 어느 불우한 청년에게 물려주면서 그에게 연속적으로 던진 '그리고 그 다음'이란 질문이 훗날 그가 세운 대학의 교훈이 된 것입니다.

"자네의 장래 소망은 무엇인가?"

"네, 공부를 열심히 해서 훌륭한 사람이 되겠습니다."

"그리고 그 다음은?"

"아름다운 여성과 결혼하겠습니다."

"그리고 그 다음은?"

"애기 낳고 잘 살겠습니다."

"그리고 그 다음은?"

"멋진 대학을 설립해서 훌륭한 인재를 양성하겠습니다."

이렇게 계속된 할머니의 질문에서 청년은 결국 대학을 설립하고 인재를 양성하겠다는 약속을 하게 됩니다. 그리고 '그 다음' 순서를 차질 없이 실천하여 할머니와의 약속을 이행한 것입니다.

우리 삶의 순서도 결국은 '그리고 그 다음'이 아닐까요? 매순간의 연속이 바로 일생이 되니까 말입니다.

이미 경험했다시피 '산다는 것'은 결코 만만치가 않습니다. 오늘까지는 잘 해 왔더라도 '그 다음'이라는 내일과 미래가 또 순서로 남게 됩니다. 이런 필연성 때문에 이 책에서도 '그리고 그 다음'이란 문제가 풀어가야 할 과제로 항목마다 제시되었습니다.

50대를 성공적으로 살아갈 당신에게 다시 한 번 따뜻한 위로와 힘찬 격려를 보냅니다. 아울러 오늘 이후의 삶에서도 '그 다음' 순서를 계획대로 잘 해 내시리라 굳게 믿습니다.

그러면 당신은 반드시 성공적인 삶을 이룰 것입니다.

이제 필자에게도 '그 다음' 순서가 남아 있습니다. 바로 '60대의 선택'이란 글을 쓰는 숙제입니다. 미숙하고 흠이 많은 필자의 삶이지만 여러분과 함께 생각하고 모색하다 보면 인생의 험한 들판도 후회없이 행복하게 건너지 않을까 소망해 봅니다.

고맙습니다. 힘내세요!

함 광 남

【참고자료】

* 서울대-한국갤럽 : 베이비붐 세대의 현황과 노후준비

* 같은 곳 : 베이비붐 세대의 인생설계

* 매일경제-보건사회연구원 : 은퇴 후의 걱정과 일자리 희망이유

* 조선일보 : 숫자로 보는 한국 베이비붐 세대/자산현황

* 한국금융학회. 건국대(김원식 교수), 연세대(김진수 교수), 한신대(배준호 교수) :

　　　　한국과 선진 3개국과의 연금제도 비교

* 조선일보 : 2010 대기업 승진 임원의 연령 -베이비붐 세대의 인생역정

　　　　　　-베이비붐 세대의 질병

* 한국직업능력개발원 : 베이비붐 세대 관련 지원정책 현황과 문제점

* 같은 곳 : 베이비붐 세대 관련 국가별 정책 비교

* 메트라이프 생명 : 베이비붐 세대의 포트폴리오

* 통계청, 건강보험공단, 한국관광공사, 삼성생명 : 부부간 노후 생활비용 통계

* 국민연금연구원 : 중ㆍ고령자 노후생활 준비 여부

* 금융투자협회, 금융위원회, 금융감독원, 국민은행 : 하우스푸어 사례

* 조선일보-삼성경제연구소-노후 봉사에 대한 여론조사

* 남성 50대가 할 일(鈴木健二)

* 샐러리맨의 인생 후반 준비(大前研一)

* 조선일보 기사

* 매일경제신문 기사

* 문화일보 기사

* 신약성서

* 제3경영의 눈(함광남)